최저점 바닥

ATTACK & STOCK

매매 비법

시대인

머리말

누군가는 저에게 주식투자를 하는 이유에 대해서 물어보곤 합니다. 대답은 항상 "수익을 내기 위해서"라고 간단명료하게 말씀드립니다. 그러면 기다렸다는 듯이 다시 질문이 들어옵니다. 그럼 어떠한 방식으로 투자를 하고 수익으로 이어지게 만드는 노하우는 무엇이냐고 말입니다. 이번에도 역시 대답은 간단명료합니다. "최저점 바닥 매매 비법"으로 투자하고 있습니다.

위 대답 속에는 "최고 싸게 사서 최고 비싸게 팔아 많은 수익을 본다."라는 깊은 뜻이 있습니다. 그것은 누구나 투자를 할 때 바라는 마음이고, 간절한 사람에게는 소원이 될 수도 있다고 생각합니다. 그래서 저 또한 그러한 마음으로 최저점 매매의 정수를 찾기 위해서 수년 동안 밤낮을 가리지 않고 연구에 몰두했으며, 수많은 실패와 좌절, 부족함이 반복되던 어느 날 너무나 운 좋게 승률이 꽤 높은 기법들을 개발하였습니다. 그 덕분에 과분한 수익도 보았고, 관심 있는 분들에게 강의도 해드리고 있고, 종목상담 및 오픈방도 함께 운영하고 있습니다.

적지 않은 투자금으로 우습게 덤볐다가 고점에 물려서 많은 손실을 보시는 분들을 수 없이 봐왔고, 가슴 시리고 눈물 섞인 상담을 해드릴 때마다 진정으로 도울 수 있는 방법이 뭐가 있을까 고민을 많이 하게 되었습니다. 그래서 잘못된 투자로 힘들어 하시는 분들을 위해서 "최저점 바닥 매매 비법"을 공유해 드리고자 마음을 먹었고 그러한 계기로 이렇게 책으로 묶어서 제작하게 되었습니다.

이 책은 철저한 기술적 분석으로 최저점의 정확한 포인트를 잡아서 안전하게 수익을 볼 수 있게 해주는 스윙 매매법 위주로 제작되었습니다. 혹여, 훨훨 불타오르는 장대 양봉에 올라타서 순간순간마다 곡예 하듯이 매매하는 분봉 단타를 기대하시는 분이 계시다면 이 참에 안전하게 수익을 극대화할 수 있는 최저점 스윙 매매법으로 투자 스타일을 바꿔보는 것이 어떠실지 조심스럽게 추천합니다.

최저점 바닥 매매는 장점 3가지가 있습니다. 첫 번째는 초보자들도 실전에서 쉽게 따라할 수 있다는 것입니다. 두 번째는 투자는 하고 싶은데 시간이 부족해서 주식차트를 많이 못 보는 직장인들에게 딱 맞는 스윙 매매법(최저점에서 매수하고 서서히 상승하면 편하게 매도하는 방식)이라는 것입니다. 그리고 마지막 세 번째는 최저점에서 안전하게 매수해서 주가 상승 시 최고점에서 수익을 최대로 끌어올려서 매도한다는 것입니다.

독자 여러분들께서도 끊임없는 연습과 노력으로 '최저점 바닥 매매 비법'을 반드시 자신만의 기법으로 체화하여 원하는 목표를 이루시길 기원하겠습니다.

〈최저점 바닥 매매 전문가〉 미네르바 올림

추 천 사

이 책은 '허가받은 도박장', '총성 없는 전쟁터'라고 불리는 주식시장에서 실패 없이 살아남는 유일한 저점 매매법을 공개하고 있습니다. 수많은 투자자들이 공포감에 사로잡혀 매도를 할 때 우리는 단 하나의 최저점 캔들을 찾아서 매수를 하기 때문에 세력보다 더 낮은 평단으로 안전하게 수익을 낼 수 있다는 장점도 있습니다. 초보자들이 쉽게 접근하기 어려운 역배열 최저점 매매법을 가장 쉽게 설명했고, 10년 넘게 연구한 미네르바님의 정수가 담겨 있는 책이기에 투자자들이 꼭 읽어야 될 필독서라고 생각합니다.

주식투자 유튜버, **시라손익**

대부분의 주식 투자 서적이 다른 책 내용을 짜깁기 또는 차용하거나 추상적인 투자방법을 소개하는 선에 그치고 있어 아쉬움이 많았습니다. 본 서적의 필자는 투자의 최전선에서 득과 실을 거듭해보면서 진짜 실전 투자가 무엇인지를 소개하고 있습니다. 이 책을 접한 여러분들은 주식을 '운'이나 '도박'이 아닌 '실력'으로 인식하게 될 것이고, 그 결과 '지지 않는 투자방식'을 배울 수 있을 것입니다.

포유 법률사무소 대표 변호사 **김경남**

주식을 도박쯤으로 알던 시절이 있었습니다. 미네르바님을 알기 전이었습니다. 초심자의 행운으로 몇 번 이익을 보고 이게 내 실력이라 착각했었습니다. 이후 몇 번씩 실패를 거듭할 때도 이건 내 실력이 아니라 부정하고 운이 나빠져서, 시기가 안 좋아서 라고 애써 현실을 외면했었습니다. 손실이 나는 이유는 내가 정보가 부족해서였을 것이라 생각해서 유료 주식 리딩방도 기웃거리고 책도 닥치는 대로 읽어봤습니다. 알면 알수록 차트가 보이는 게 아니라 알면 알수록 미궁에 빠지는 듯해 혼란스러웠습니다. 하루 종일 차트를 보며 전전긍긍하고 언제 사고팔지 눈치 보다가 나락으로 떨어지는 건 일상이 되었습니다. 자신감이 점점 떨어질 때 우연히 미네르바님 전자책을 읽었습니다. 생활이 달라지더군요. 여유도 생기고 떨어지는 차트를 보고도 예전처럼 겁내지 않게 되었습니다. 책을 보며 언제 매수할지 언제 매도할지 나름의 기준선도 잡을 수 있었습니다. 주식을 여유 있게 할 수 있다는 사실은 솔직히 지금도 잘 실감이 안 납니다. 그걸 가능하게 해주셔서 너무 감사합니다. 이 책을 읽는 분들도 모두 미네르바님의 마법에 빠졌으면 좋겠습니다. 좋은 기회를 여러분도 같이 가지시길 바랍니다.

지음스터디 **장쌤**

저자가 직접 경험한 저점 매매로 얻은 수익 인증 후기

이전 잔고 미체결 예수금 주문내역

안내 5371-8732 [위탁종합] 조회

총매입	12,302,705	총평가	18,297,650
총손익	+5,948,304	총수익률	+48.35%
실현손익		융자별	융자합

종목명	매입가	평가손익	수익률
아모레G	60,294	-31,295	-1.57%
디아이	5,901	+6,156,665	+66.84%
제일제강	3,775	-177,242	-16.25%
한국화장품	10,750	+176	+1.64%

이전 잔고 미체결 예수금 주문내역

안내 5371-8732 [위탁종합] 조회

총매입	7,095,285	총평가	10,798,425
총손익	+3,675,634	총수익률	+51.80%
실현손익		융자별	융자합

종목명	매입가	평가손익	수익률
아이오케이	1,626	+3,675,634	+51.80%

이전 잔고 미체결 예수금 주문내역

안내 5618-9823 [위탁종합] 조회

총매입	4,617,210	총평가	5,491,620
총손익	+860,302	총수익률	+18.63%
실현손익		융자별	융자합

종목명	매입가	평가손익	수익률
디아이	7,177	+282,287	+23.55%
롯데하이마트	33,350	+66,926	+6.92%
자안바이오	5,893	+511,089	+20.85%

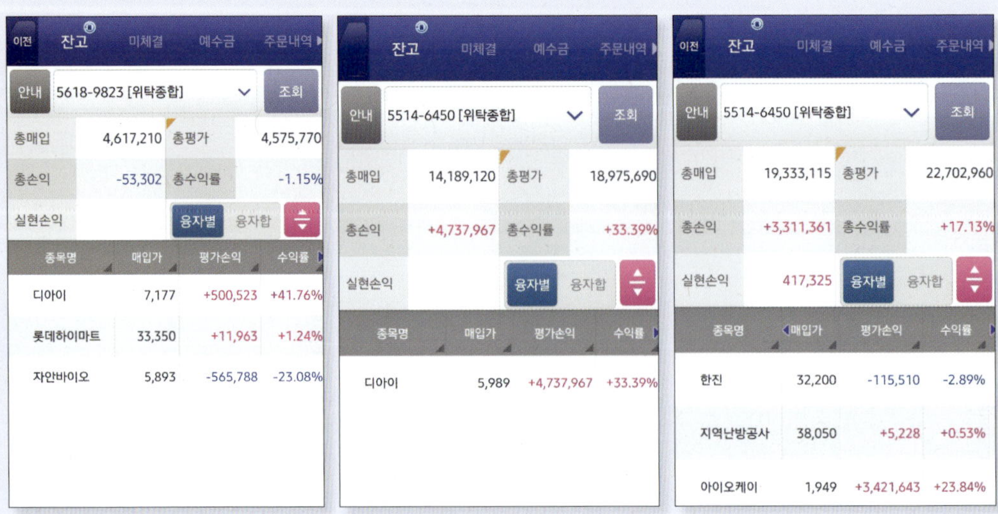

이전 잔고 미체결 예수금 주문내역

안내 5618-9823 [위탁종합] 조회

총매입	4,617,210	총평가	4,575,770
총손익	-53,302	총수익률	-1.15%
실현손익		융자별	융자합

종목명	매입가	평가손익	수익률
디아이	7,177	+500,523	+41.76%
롯데하이마트	33,350	+11,963	+1.24%
자안바이오	5,893	-565,788	-23.08%

잔고 미체결 예수금 주문내역

안내 5514-6450 [위탁종합] 조회

총매입	14,189,120	총평가	18,975,690
총손익	+4,737,967	총수익률	+33.39%
실현손익		융자별	융자합

종목명	매입가	평가손익	수익률
디아이	5,989	+4,737,967	+33.39%

이전 잔고 미체결 예수금 주문내역

안내 5514-6450 [위탁종합] 조회

총매입	19,333,115	총평가	22,702,960
총손익	+3,311,361	총수익률	+17.13%
실현손익	417,325	융자별	융자합

종목명	매입가	평가손익	수익률
한진	32,200	-115,510	-2.89%
지역난방공사	38,050	+5,228	+0.53%
아이오케이	1,949	+3,421,643	+23.84%

강의 후기

카드값 체리

미네르바님의 강의는 과거 기술적 분석이나 차트 분석은 결과론적인 이야기, 끼워맞추기에 불과하다고 생각했던 저의 인식 세계를 완전히 바꾸게 된 경험이었습니다. 저자의 강의 참석을 통해 저서에 담을 수 없던 과거 매매 경험에 따라 저자 스스로 체득한 종목에 대한 진입 조건들을 알 수 있어 대단히 유익했습니다. 뿐만 아니라 단순히 지표에 따라 저점만 보는 것이 아닌 저점 언저리의 종목들 중 반등이 나올 만한 종목을 어떻게 고르는지 그리고 반등의 세기에 대해 예측할 수 있는 도구들을 알게된 점이 저에게 가장 도움이 되었고 나아가 장기적 · 지속적으로 손실을 최소화하고 이익 실현을 최대화할 수 있는 훈련이 되었던 것 같습니다.

최영*

미네르바님의 온라인 강의 후기 남깁니다. 저점매매를 처음 접하는 초보투자자의 눈높이에 맞게 책 내용을 중심으로 쉽고 디테일하게 설명해주시고 실전차트를 통해 다양한 예시를 들어주셔서 정말 유익한 시간이었습니다.

크몽 책 구매평

섬***

로얄××, 핀×××, 더트×××, 다된××××× 등등 많은 곳의 강사들을 알아보았습니다. 한 달 넘게 강사들의 평가를 찾아보았고 해당 사이트가 운영하는 네이버카페를 꼼꼼하게 살펴보았습니다. 그러던 중 지인의 소개로 크몽을 알게 되었습니다. 전혀 부담없는 가격에 일단 지르고 보았습니다. 결과는… 대박입니다. 10만원도 안 되는 교재가 저에게는 큰 가르침과 주식을 보는 새로운 시선을 갖게 해주었습니다. 일단 한번 지르고 공부해 보시길 권해드립니다. 절대 후회 없으실 겁니다.

작****

1권을 읽으면서 미네르바님께 조언을 받으며 초보투자자로서 기초적인 지식을 익히고 실제 투자도 해보고 성과가 좋았는데, 2권에서도 역시 따라하기 좋게 자세히 설명해주셨네요! 각 지표의 특징과 지표를 설정할 수 있는 방법을 자세히 알려주셔서 도움이 많이 될 것 같아요. 감사합니다^^

덩****

주린이입니다. 수익을 봐도 얼마 못 보고, 손절은 수도 없고 책도 사서 보고 리딩방도 들어가보고 별거별거 다 해보고 있는 중이에요. 책보다 훨씬 쉽고 구체적이어서 좋습니다. 조건 검색식 진짜 짱짱맨이에요!

한***

1권 완독 후 2권도 곧 독파 예정입니다.! 저번 달부터 구매를 고민했었는데 고민을 왜 했나 싶을 만큼 엄청난 기술과 노하우들이 담겨 있어요~ 책을 보면서 느낀 점은... 먹고살기 힘든 이 현실 속에서 조금이나마 삶이 나아질 수 있겠다라는 희망도 보았습니다. 일단 연습 삼아 소액으로 한 종목 샀는데 ㅎㅎ 존버해서 이겨볼게요.

내*****

1편 구매했던 사람인데 2편도 구매했네요. 읽어보니 역시나 미네르바님입니다. 저점 매수의 달인입니다. 전 세계 트레이더들 중에서 가장 창의적인 저점 달인이신 듯.

솔*****

미네르바님의 가르침은 다른 방법들과는 비교할 수 없을 정도로 내용이 풍부하고 실용적입니다. 특히 주식 매매타점에 대한 통찰력과 전략적 사고방식은 투자에 대한 이해를 깊이 있게 할 수 있도록 도와주었습니다. 가르침을 바탕으로 안전하고 효율적인 투자를 할 수 있게 된 것이 큰 보람입니다. 미래를 대비하여 지속적인 학습과 연구를 통해 더욱 발전된 투자자가 되겠습니다. 감사합니다.!

K42****

저에게 가장 필요한 전자책입니다.
주식이란 누가 최저점을 잡는가의 경쟁이란걸 늦게 깨달았습니다.!! 최저점을 잡고 욕심을 버리고, 기다릴 수 있다면 주식시장에서 큰 수익을 낼 수 있는 거였네요. 오래 연구한 비법을 알려주셔서 진심으로 감사합니다.!!

플******

항상 불안한 마음으로 주식매매를 했는데 최저점 매매 책을 보고 안전한 매매로 바꿨습니다. 쫓아가는 매매가 아닌 싸게 사서 비싸게 파는 법을 알려주는 책입니다. 1권에 이어 2권 모두 평생 월급통장을 받은 기분입니다. 주식에 관한 수많은 책을 보았지만 이보다 실전 매매에 도움을 주는 책은 없었던 것 같습니다.
강력 추천합니다.

당******

지난주 이 책 구매해서 태어나서 첨으로 25% 먹었습니다. ㅎ 이 책 진짜 미쳤네요. TSF 조건검색으로 최저점 캔들 잡아서 4일 뒀더니 25% 올라 있네요. 미네르바 전문가님 정말 감사하고 더 이상 책 그만 팔아요. 혼자만 알고 싶습니다.! ㅎ

예*****

진짜 이 책 미쳤네요. TSF매매 3일 만에 저점에서 30% 수익 봐서 넘 감탄했습니다. 그래서 바로 2권도 구매했구요. 미네르바 선생님 저점 전문가 맞네요.^^

신******

구매 후 TSF선과 RSI S2 세팅을 적용 후 키움에서 A 버튼을 누른 후 최근 역배열 급등 종목이나 신저가에서 탈출해 정배열 종목을 살펴보았는데 적응을 하면 저점 매매 1번처럼 자신 만의 저점 잡는 기준을 잡기 좋은 책임이 분명합니다. 다른 주식 오픈톡방은 상업적인 방이 대부분이지만 전자책 구매 후 들어갈 수 있는 방은 미네르바 선생님이 진심으로 전자책에 대한 상세한 피드백과 강의까지 해주십니다. 저점에 대한 공부를 하고 싶은 사람은 이 책을 구매 후 공부해서 자신의 매매방법으로 소화한다면 저점에 대한 기준은 확실히 만들 수 있을 것입니다.

목 차

CONTENTS

PART 03 보조지표 분석 및 실전 매매법

PART 04 최고의 승률 - 심화 매매법

저점 매매의 기초 개념

CHAPTER 01

저점이란 무엇인가?

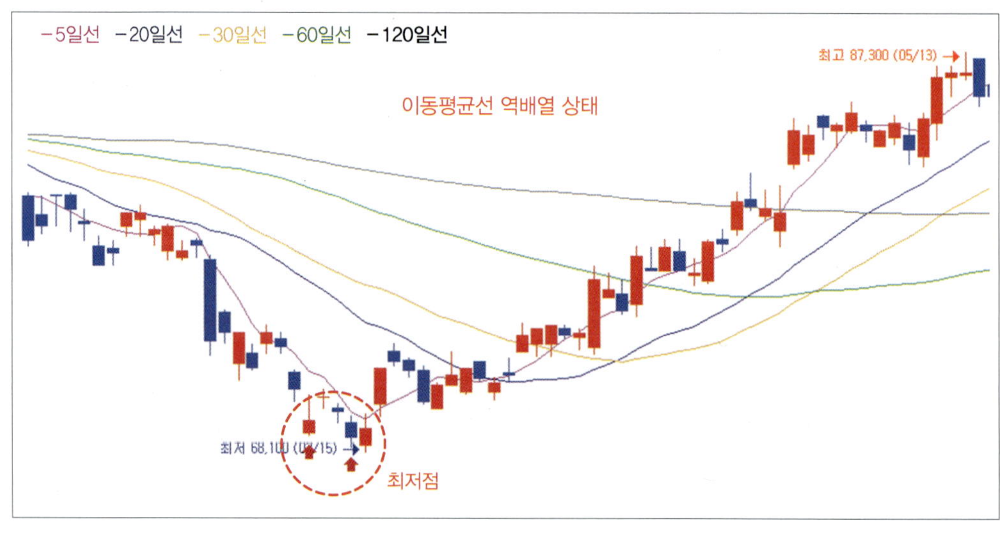

기아 22.03(일봉)

위 차트에서 빨간 화살표 신호는 제가 매매할 때 실제 사용하고 있는 HTS 저점 신호(=RSI 지표)입니다. 저점 신호가 나타난 뒤, 주가는 시간이 흐를수록 계속 상승하면서 최대 50% 이상 수익을 내기도 합니다. 참 신기하지요? 이것이 바로 '저점 매매'의 매력입니다. 저점 매매를 한다고 하면 많은 사람들은 저점이란 무엇이냐고 질문합니다. 저점이란 주가의 단기 눌림이 아니라 하락하고 또 하락해서 더 이상 내려갈 수 없을 때 바닥에서 '탁'하고 부딪치는 시점입니다. 즉, 주가의 하락세가 강해지면서 음봉 캔들이 연속적으로 발생하다가 어느 순간 다시 매수세가 강해지면서 양봉 캔들이 발생하는 시점이 있는데, 바로 그 시점이 저점인 동시에 매수 시점입니다. 주가의 하락세가 멈추면서 다시 상승세로 전환한다는 의미이기도 합니다.

주가는 항상 고점과 저점을 반복하는데 반드시 고점에 도달하면 다시 하락하고 반대로 저점에 도달하면 다시 상승하는 섭리가 있습니다. 이 섭리만 잘 활용하면 수익을 극대화할 수 있습니다. 저점 매매기간은 종목, 주어진 환경, 특성에 따라 모두 다르지만 평균적으로 저점에서 목표가까지 도달하는 기간은 짧게는 1일에서 길게는 1개월 이상 걸립니다. 예를 들어, 위 차트의 경우 저점에서 매수 후 60일 이동평균선을 목표가로 잡고 주가가 60일선에 도달해서 매도하는 시점까지를 매매기간으로 보면 됩니다. 저점은 이동평균선이 정배열일 때보다 역배열일 때 더 많이 발생하는데, 역배열일 때는 주가의 하락폭이 크기 때문입니다. 위 차트에서처럼 5일 이동평균선이 맨 밑에 있고 나머지 이동평균선들은 5일 이동평균선 위로 정갈하게 나열되어 있는데 이것을 바로 '이동평균선의 역배열'이라고 부릅니다. 바로 이 시점이 최저점 상태라고 볼 수 있고, 주가는 반드시 역배열 상태에서 최저점이 발생합니다. 주가는 하락폭이 크면 클수록 그만큼 반등폭 또한 커지는 습성이 있습니다.

위 차트에서 주가의 최저점은 3월 15일에 도달하였고, 42거래일 후 5월 13일에 최고점에 도달하게 됩니다. 물론 모든 종목이 무조건 최저점에서 출발해서 최고가에 도달하는 것은 아니며, 저점에서 상승하다가 중간에 다시 하락하는 변수도 있습니다. 이 책에서는 이러한 변수까지 대응하는 법을 다루고 있으니, 끝없는 노력과 인내를 통해 저점 매매법을 꼭 마스터하시길 바랍니다.

CHAPTER 02

저점 매매를 반드시 해야 하는 이유

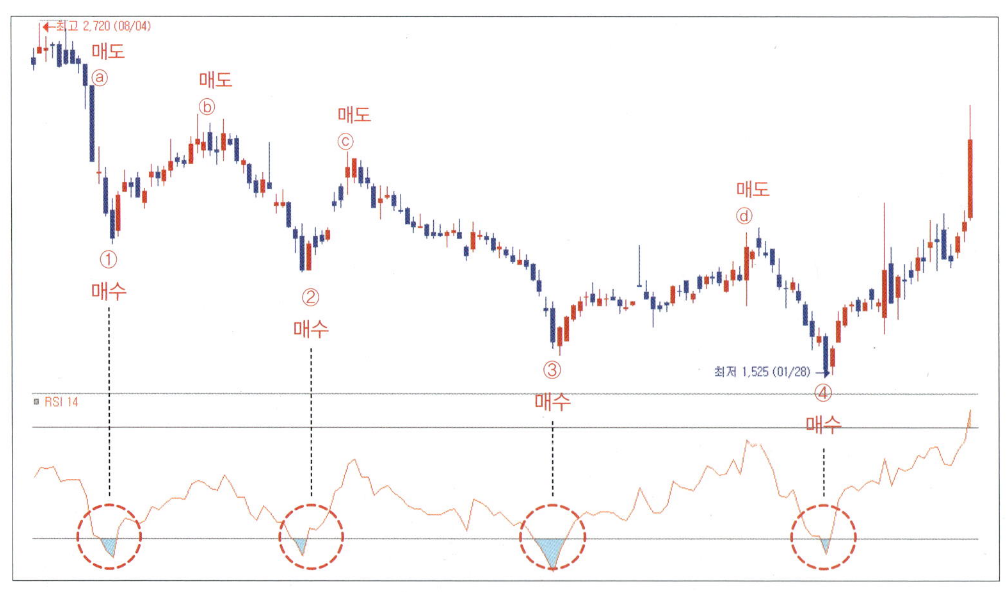

대창 22.01(일봉)

우리는 주식을 투자할 때 반드시 '저점 매매'를 해야 하는 이유가 있습니다. 우리가 주식을 투자하는 이유는 수익을 내기 위해서입니다. 그렇다면 그 수익을 내기 위해서 어떠한 방법으로 투자해야 하는지에 대하여 고민해야 합니다. 가장 좋은 방법은 안정적이면서도 수익을 극대화할 수 있는, 즉 최소 투자금액으로 최대 효과를 볼 수 있는 방법이겠죠. 과연 그런 방법이 있을까요? 그것이 바로 '저점 매매'입니다. 지금부터 위에 있는 차트를 보면서 차근차근 설명하겠습니다.

차트 속 ⓐ~ⓓ지점까지를 주가의 단기 고점이라고 보고, ①~④지점까지를 단기 저점이라고 봅니다. 예를 들어, ⓐ지점에서 매수하였는데 다음날부터 주가가 폭락하여 결국 ①지점까지 하락하면 막대한 금전적 손실로 인하여 정신적 고통이 잇따를 수밖에 없습니다. 그런데 주가가 앞으로 어떻게 될지 아무도 알지 못하는 상황 속에서도 ①지점에서 반대로 매수하는 사람들이 있습니다. 많은 사람들이 주식을 매도하는 시기에 매수하는 이유는 무엇일까요? 바로 수익을 극대화하기 위해서입니다. 즉, 많은 사람들이 매도할 때 저점에서 매수하고, 많은 사람들이 매수할 때 고점에서 매도하는 방식으로 큰 수익을 얻을 수 있습니다. "①~④지점에서는 매수하고, ⓐ~ⓓ지점에서는 매도하면 됩니다."라고 설명하면 아마도 여러분은 "저렇게 지난 차트를 보면서 매매하면 누가 못 할까요?", "지금 당장 주가가 저점인지 명확하게 알 수 있는 방법이 있나요?"라고 질문할 것입니다. 이러한 질문에 대하여 시원하게 답변하자면 "네, 분명하게 지금 주가가 저점인지 알 수 있습니다!"

차트의 맨 아래쪽 RSI 지표를 보면 빨간 점선으로 표시된 원이 보일 것입니다. 마치 그릇 안에 물이 차 있는 것처럼 보이는 저 구간이 바로 '저점'입니다.

저점에서 매수하면 주가가 더 이상 하락하지 않고 상승할 일만 남았기에 투자자에게 심리적 안정감을 줄 뿐만 아니라, 주가가 저점에서 반등하면 수익이 발생하기 때문에 편안하게 매도하면 된다는 장점이 있습니다. 또한 주가가 고점일 때 매수하는 것과 달리, 주가가 앞으로 하락할 것인가에 대한 불안한 생각을 할 필요가 없고 투자금 손실로 인해 상처받는 일도 없으며 추가 매수할 필요가 없습니다. 물론 주가가 저점에서 더 하락할 때도 있지만, 이러한 경우에는 다른 보조지표를 복합적으로 활용하면서 최저점을 확인하면 됩니다. 그러므로 '저점 매매'는 주식 초보자 분들이나 시간이 부족해서 자주 매매하지 못하는 직장인들에게 강력하게 추천하는 매매법입니다.

CHAPTER 03

저점 매매를 위한 기본 분석도구

1. 차트 분석

한국앤컴퍼니 22.07(일봉)

- 주가의 현 위치를 파악하기 위해서 가장 먼저 이동평균선 및 캔들의 형태를 분석한다.
- 고점과 저점의 차트 형태는 분명하게 다르고, 그에 따라 분석법 또한 다르다.

2. 보조지표 분석

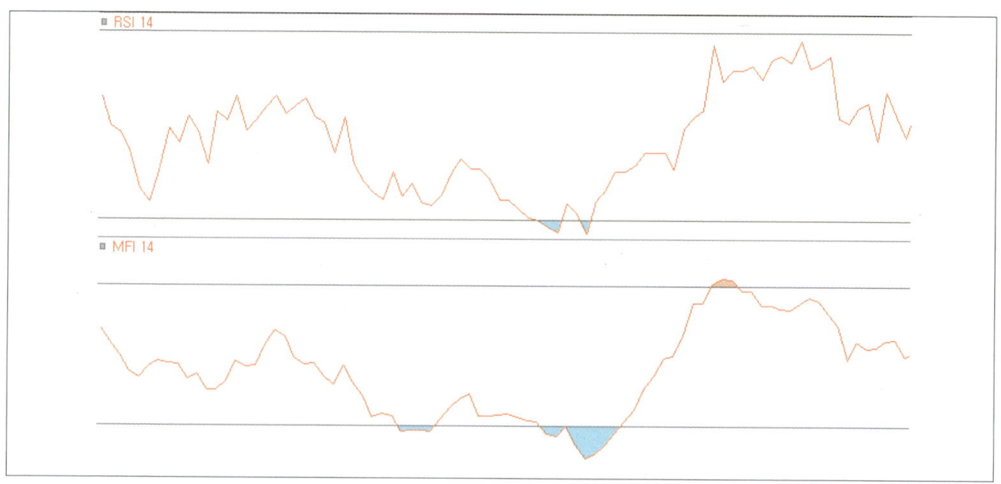

이동평균선과 캔들의 형태를 파악하였다면 10가지의 보조지표를 활용하여 거래량, 매도세, 이격도(**주가와 이동평균선 사이의 거리**) 등 복합적인 분석을 통해서 저점 매매 포인트를 확인할 수 있다.

3. 재무제표 분석

IFRS(연결)	2020/12
매출액	8,192
매출원가	5,777
매출총이익	2,415
판매비와 관리비	838
영업이익	1,578
영업이익(발표기준)	1,578

기업의 이익 증감은 주가에 큰 영향을 주기 때문에 재무제표를 분석하는 것은 중요하다. 특히, 주가가 하락 또는 폭락해서 최저가 상태에 있다면 재무에 대한 영향력을 배제할 수 없다.

4. 공시 분석

한국앤컴퍼니(주) 연결재무제표기준영업(잠정)실적(공정공시)
한국앤컴퍼니(주) 횡령 · 배임혐의발생
한국앤컴퍼니(주) 횡령 · 배임혐의발생(자회사의 주요경영사항)
한국앤컴퍼니(주) 정기주주총회결과
한국앤컴퍼니(주) 풍문 또는 보도에 대한 해명(미확정)

대표자의 횡령 또는 배임공시, 부도공시 등 악재 공시는 주가의 폭락 또는 상장폐지의 원인이 되기 때문에 반드시 분석해야 한다.

CHAPTER 04

수익에서 중요한 것은 꺾이지 않는 마음

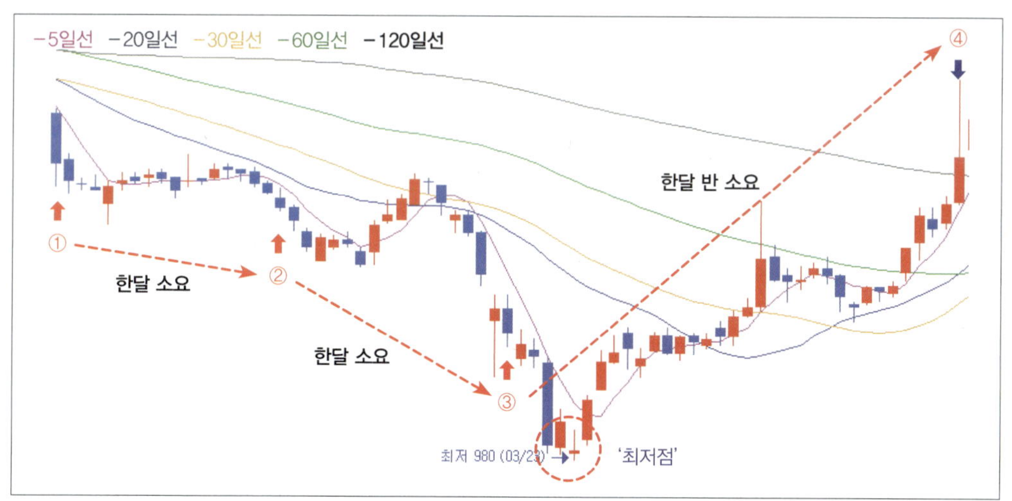

롯데손해보험 20.03(일봉)

위의 차트처럼 모든 종목의 주가는 수없이 오르내리기를 반복하는데, 이것은 마치 인생의 '희로애락'과 같아 보입니다. 주가가 상승하면 기쁘고, 주가가 하락하면 노여우며, 주가가 폭락하면 슬프고, 주가가 다시 상승하면 즐겁기 때문입니다.

지금부터 인생의 희로애락을 담은 주식 투자에서 '기다림의 법칙'과 '마인드컨트롤'이 얼마나 중요한지 설명해 드리겠습니다. 저와 여러분이 함께 주식투자자가 되어, 가상의 저점 매매를 해보겠습니다(**절대로 1개의 종목에만 전액을 투자하지 마세요**).

①번 캔들에서 저점 신호가 나타났지만, 금방 오를 것 같다는 판단 하에 1차 매수를 하고 기다립니다. 그런데 일주일이 지나도 오르지 않던 주가가 10일째 되던 날에 소폭 상승하였지만 수익률이 높지 않아 매도하지 않고 기다립니다. 16일째 되던 날 갑자기 주가가 하락하였고 ②번 캔들에서 저점 신호가 또 나타났습니다. 엄청난 고민 끝에 '이번이 마지막 저점이겠지.'라고 생각하면서 다시 2차 매수를 합니다. 그 이후로 10일째 되던 날 다시 소폭 상승하였지만 이번에도 수익률이 낮아 좀 더 기다립니다. 그런데 이게 무슨 일입니까? 주가는 강한 하락세로 일주일 내내 폭락하여, 우리는 엄청난 정신적 충격을 받으면서 '1, 2차 소폭 상승 시기에 매도할 걸.'이라는 후회를 하게 됩니다. 정신을 차리고 보니 ③번 캔들에서 다시 저점 신호가 나타났고, 주가가 계속 하락하는 것은 아닌지 엄청난 불안감이 몰려옵니다.

이제 우리는 더욱 더 큰 손실을 보기 전에 전량 매도하거나, 도박하는 심정으로 남은 금액의 전부를 추가 매수하는 선택의 기로에 놓여있습니다. 이런 상황일 때 후자를 선택하는 것을 추천합니다. 저점 신호는 약 90% 정도의 확률로 3번 이상 나타나지 않기 때문에 다시 추가 매수하고 주가가 상승할 때를 기다립니다. 마침내 고된 인내의 시간 끝에 위의 차트에서 ③번 캔들부터 ④번 캔들까지 한 달 반이라는 기간 동안 주가는 큰 폭으로 상승하였고 결국 ④번 캔들 근처에서 큰 수익을 얻고 전량 매도할 수 있었습니다. 이처럼 저점 매매는 기다리지 못하면 큰 손실로 이어질 수밖에 없기 때문에 정신적으로 흔들리지 않고 지속적으로 투자한다는 마인드컨트롤이 꼭 필요합니다. 따라서 "강한 인내심과 어떤 상황에도 절대 흔들리지 않는 마음가짐은 저점 매매의 생명과도 같습니다." 이 문장은 앞으로 저점 매매의 중요한 핵심이므로 꼭 기억하고 실천하길 바랍니다.

CHAPTER 05

저점 매매 시 도움이 되는 계좌 분할법

효과적인 저점 매매를 하기 위해서 주식 계좌를 2개 이상 사용하는 것을 추천합니다. 왜냐하면 저점 매매는 집중 투자 방식이 아닌, 분할 매매 안정형 방식으로 진행되기 때문입니다. 초보 주식투자자들은 주식 계좌를 1개만 이용하여 매매하는 경우가 많습니다. 그래서 1개의 계좌로 1개의 종목만 매수한 후, 주가가 또 하락할지 모른다는 불안감으로 인하여 다시 동일한 계좌에 투자금을 넣어 추가 매수하고 매수가의 평균단가를 낮추는 경우가 많습니다(일명 : 물타기). 하지만 계좌를 1개만 사용하게 되면 치명적인 손실로 이어지는 단점 3가지가 있습니다.

치명적인 손실로 이어지는 단점 3가지

단점 1 항상 현금을 넉넉하게 보유해야 한다. 투자금을 여윳돈으로 하는 경우는 드물기 때문에 현금이 급하게 필요할 때에는 손실을 감수하고 주식을 매도할 수밖에 없다(분할 매도나 전액 매도는 결국 손실을 본다).

단점 2 실수를 만회하기 어렵다. 주가가 하락하고 추가 매수하였지만, 실수로 평균단가 및 수량 계산을 잘못하였을 경우에는 손실이 더 커진 상태이므로 바로 매도할 수 없다(계좌가 2개라면 실수한 계좌만 바로 매도하면 된다).

단점 3 추가 매수 후 평균단가에 차이가 있다. 주가가 최저점일 때, 1개의 계좌로 매수 후 동일한 계좌에 추가 매수한 평균단가보다 2개의 계좌로 각각 한 번씩 나눠 매수하면 마지막 매수(2번째 계좌)는 최저점에서 매수하였기 때문에 평균단가가 훨씬 낮다(추후 주가 상승 시, 수익이 많은 순서대로 매도한다).

• 주식 계좌 분할 매매 운영 방법

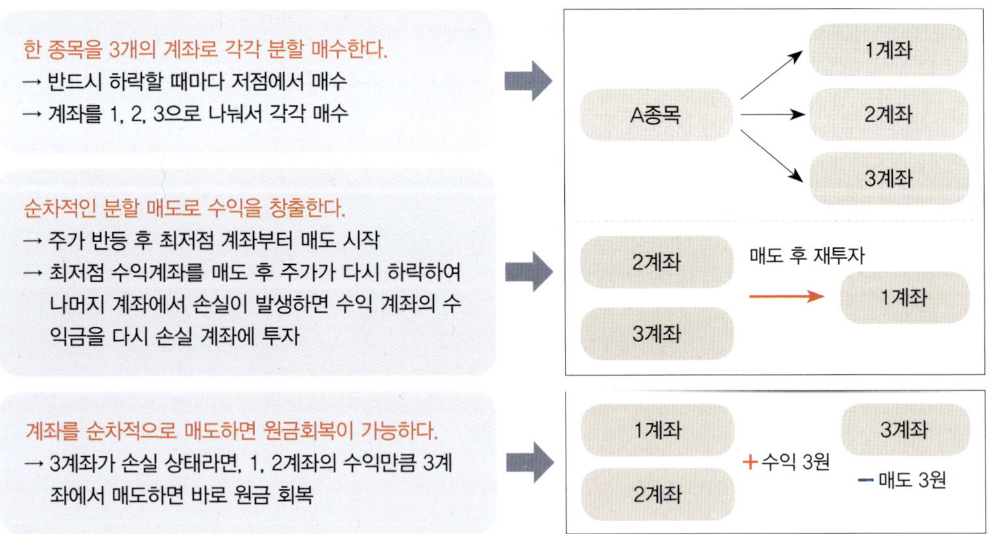

저점 매매 시 필요한 차트 및 유형

CHAPTER 06

저점에 필요한 캔들의 기초 및 유형

1. 저점에 필요한 캔들의 기초 및 원리

(1) 캔들의 구성 및 용어

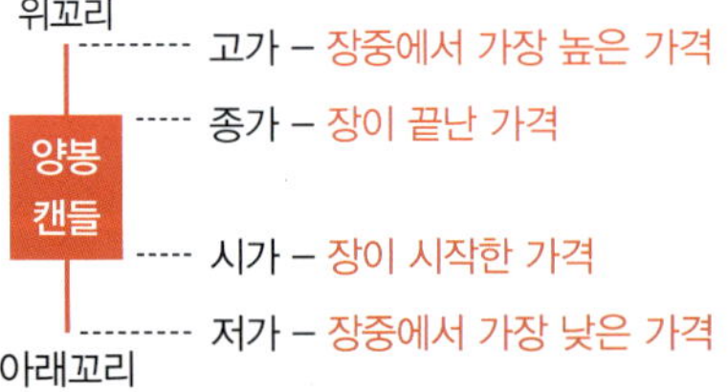

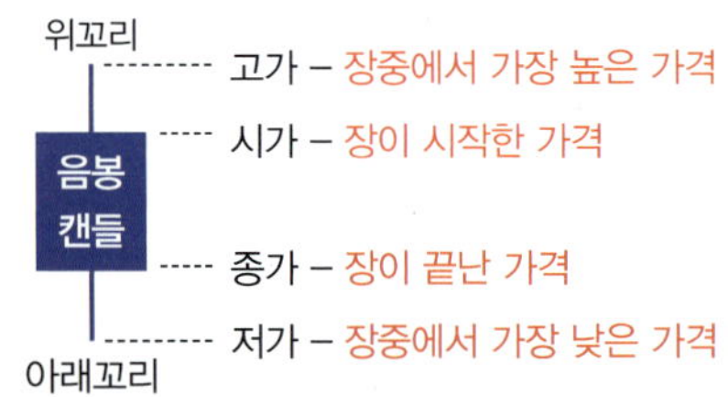

(2) 캔들의 기간

- 분봉 : 분 단위의 캔들 형태
- 일봉 : 하루 동안의 캔들 형태

단기 단타 매매 분/일봉 활용

- 주봉 : 일주일(5일) 동안의 캔들 형태
- 월봉 : 1개월(20일) 동안의 캔들 형태

중 · 장기 매매 주봉/월봉 활용

(3) 캔들의 종류

캔들	설명	캔들	설명
장대 양봉	• 장중 강한 매수세로 급등한 캔들 • 긴 양봉으로 장을 마감 • 호재로 인한 최고가(상한가)	고가 종가 위꼬리 양봉 저가	• 종가가 고가보다 낮은 가격의 캔들 • 저점에서 상승 전환 의미 • 고점에서 단기 조정 의미
장대 음봉	• 장중 강한 매도세로 급락한 캔들 • 긴 음봉으로 장을 마감 • 악재로 인한 최저가(하한가)	고가 시가 위꼬리 음봉 종가	• 종가가 시가보다 낮은 가격의 캔들 • 고점에서 추가 하락 의미 • 저점에서 추가 하락 의미
종가 아래꼬리 양봉 시가 저가	• 시가보다 하락하다가 결국 종가가 상승한 캔들 • 저점에서 상승세 전환 의미	시가 아래꼬리 음봉 종가 저가	• 시가보다 강한 하락세로 최저가 이후 소폭 반등한 캔들 • 고점에서 단기 조정 의미
고가 종가 양꼬리 양봉 시가 저가	• 시가보다 상승하다가 고가보다 종가가 낮은 캔들 • 저점에서 상승세 전환 의미	고가 시가 양꼬리 음봉 종가 저가	• 시가보다 하락하다가 저가보다 종가가 높은 캔들 • 고점에서 하락세 전환 의미
고가 시·종가 저가 십자도지	• 매수세와 매도세가 균형을 이루었을 때 나타나는 캔들 • 저점에서 상승세 전환 의미	고가 시·종가 저가 십자도지	• 매수세와 매도세가 균형을 이루었을 때 나타나는 캔들 • 고점에서 하락세 전환 의미
시가, 고가, 종가 일치 잠자리형	• 저점에서 상승세 전환 의미 • 고점에서 하락세 전환 의미	시가, 저가, 종가 일치 비석형	• 저점에서 횡보 또는 추가 하락 의미 • 고점에서 하락세 전환 의미

(4) 캔들의 패턴

상승 장악형		적삼/흑삼병	
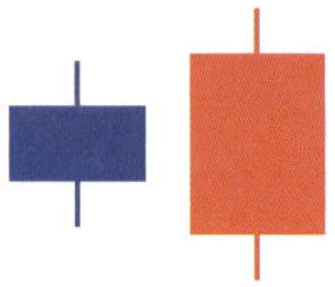	저점에서 상승세 전환 의미	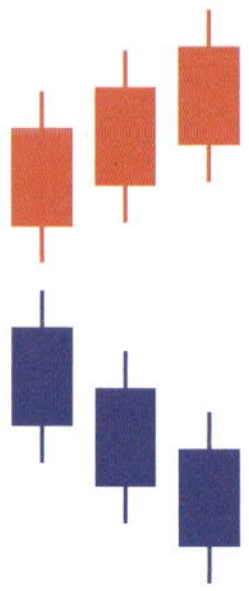	• 적삼병 : 양봉이 3번 연속 나타난 경우 – 강한 상승 신호로, 저점에서 상승세 전환 의미 • 흑삼병 : 음봉이 3번 연속 나타난 경우 – 강한 하락 신호로, 고점에서 하락세 전환 의미
샛별형		**석별형**	
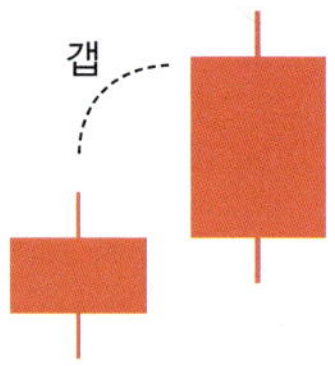 갭	팽이형 양봉 다음 장대 양봉이 갭 상승하면 상승세 전환 의미	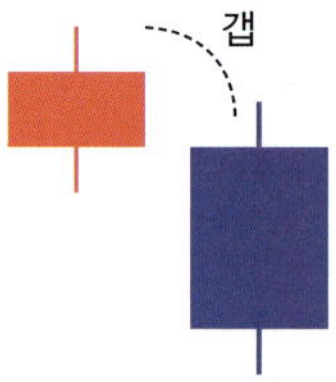 갭	팽이형 양봉 다음 장대 음봉이 갭 하락하면 하락세 전환 의미
상승세 신호 캔들		**하락세 신호 캔들**	
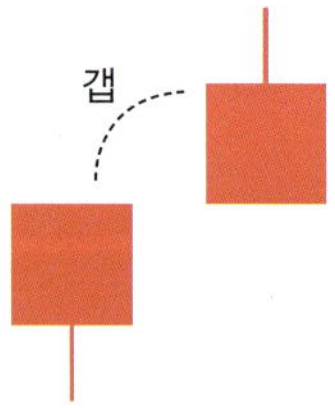 갭	저점에서 금일 시가가 전일 종가보다 높게 상승하여 양봉으로 마감 전일 봉 금일 봉 사이에 갭 발생	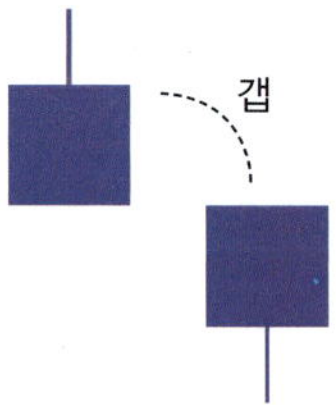 갭	주가 고점에서 금일 시가가 전일 종가보다 낮게 하락하여, 음봉으로 마감 전일 봉 금일 봉 사이에 갭 발생

(5) 저점에서 발생하는 캔들의 유형 ①

한국앤컴퍼니 22.07(일봉)/1번 캔들

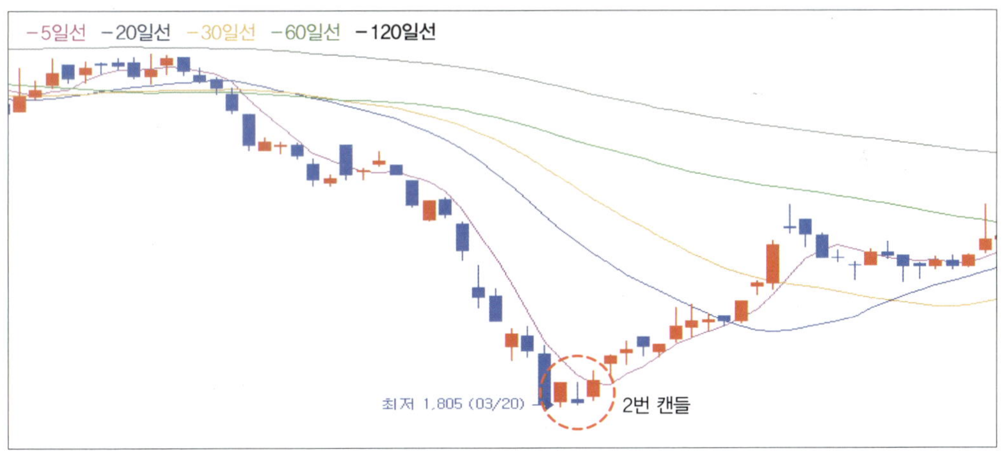

서연이화 20.03(일봉)/2번 캔들

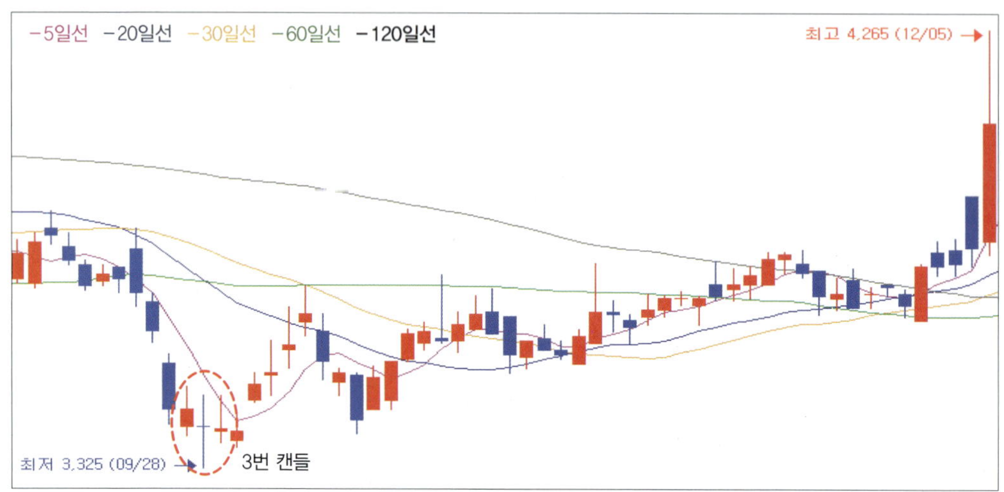

극동유화 22.09(일봉)/3번 캔들

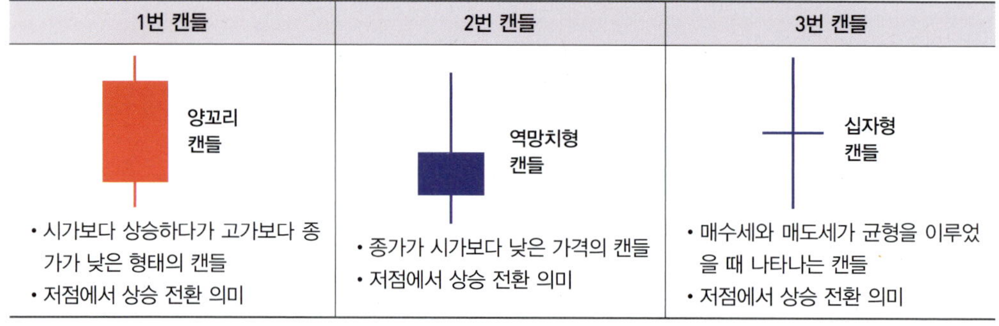

1번 캔들	2번 캔들	3번 캔들
양꼬리 캔들	역망치형 캔들	십자형 캔들
• 시가보다 상승하다가 고가보다 종가가 낮은 형태의 캔들 • 저점에서 상승 전환 의미	• 종가가 시가보다 낮은 가격의 캔들 • 저점에서 상승 전환 의미	• 매수세와 매도세가 균형을 이루었을 때 나타나는 캔들 • 저점에서 상승 전환 의미

(6) 저점에서 발생하는 캔들의 유형 ②

그리티 23.04(일봉)/1번 캔들

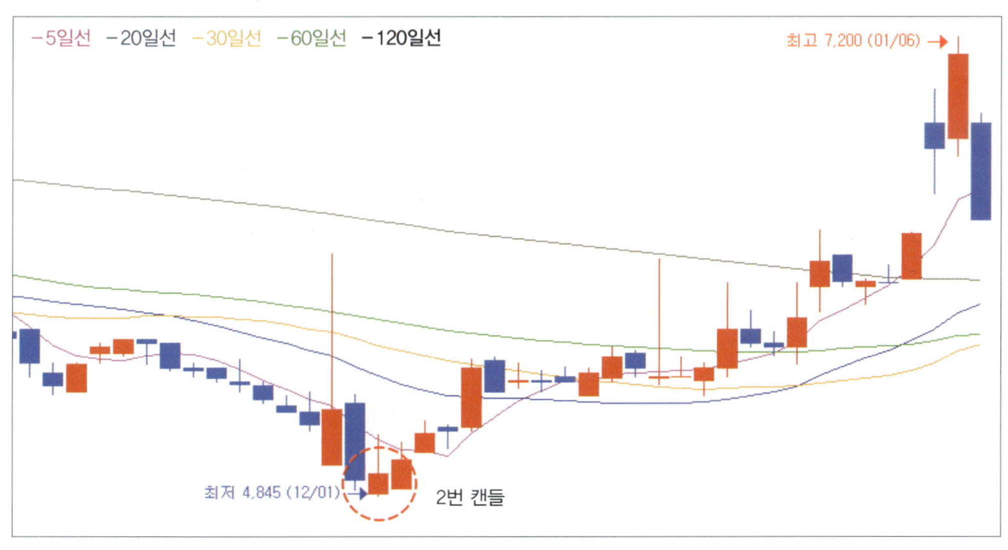

현대약품 22.12(일봉)/2번 캔들

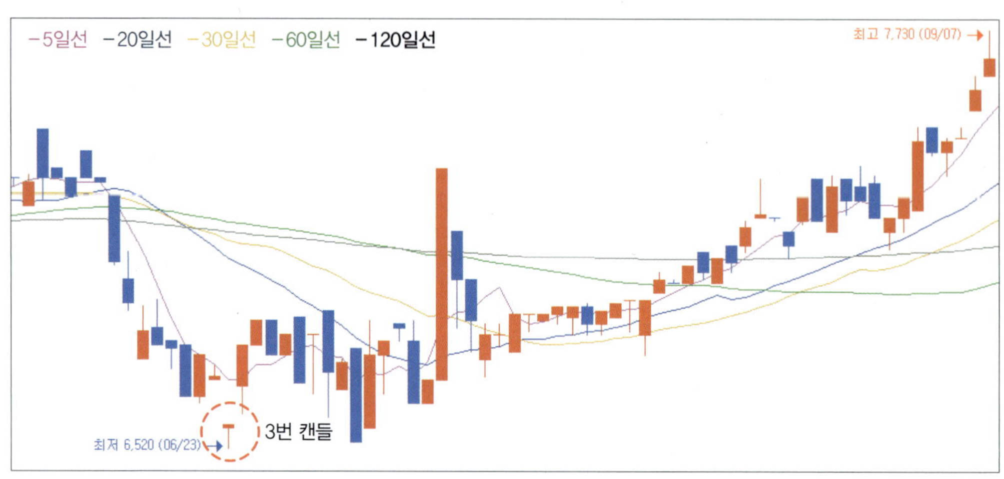

세방우 22.06(일봉)/3번 캔들

1번 캔들	2번 캔들	3번 캔들
팽이형 캔들	역망치형 캔들	망치형 캔들
• 매도세와 매수세가 서로 힘이 팽팽해서 균형을 이룸 • 저점에서 상승세 전환 의미	• 장대 양봉이 만들어지다가 매도세로 밀려 조정 받음 • 저점에서 상승세 전환 의미	• 매도세에 주가가 밀리다가 다시 강한 매수세로 상승 • 저점에서 상승세 전환 의미

2. 주가의 상승세, 하락세 읽는 방법

(1) 상승추세

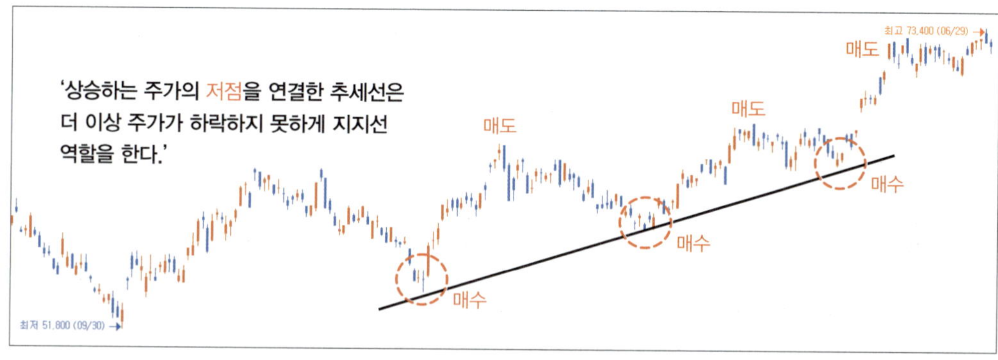

삼성전자 23.06(일봉)

(2) 하락추세

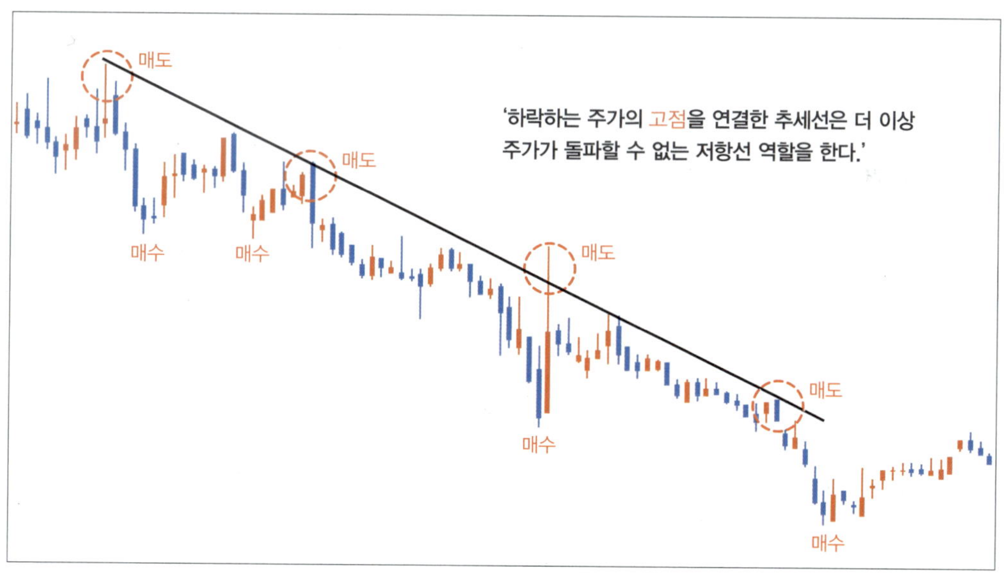

코콤 21.01(일봉)

주가는 계속해서 가던 방향으로 움직이려는 습성이 있기 때문에, 주가가 상승하면 지속적으로 상승하고 주가가 하락하면 지속적으로 하락하는데 이러한 주가의 움직임을 '추세'라고 합니다. 추세를 확인할 수 있는 방법으로 추세선이 있으며, 추세선은 적어도 3개 이상의 고점이나 저점을 연결해야 신뢰도가 높아집니다. 주가의 저점들을 연결한 선의 기울기가 위로 향하는 것을 상승추세선이라고 하며, 주가가 하락할 때마다 이 선에서 추가 하락을 지속적으로 막기 때문에 지지선이라고 부릅니다. 또한 주가의 고점들을 연결한 선의 기울기가 아래로 향하는 것을 하락추세선이라고 하며, 주가가 상승할 때마다 이 선에서 추가 상승을 지속적으로 막기 때문에 저항선이라고 부르기도 합니다.

주가가 이러한 저항선과 지지선을 돌파하는 순간 상승 · 하락추세가 반대로 변하기 시작합니다. 즉, 주가가 상승추세일 때 저항선을 돌파하면 저항선은 이때부터 강력한 지지선으로 변하고, 주가가 하락추세일 때 지지선을 돌파하면 지지선은 강력한 저항선으로 변합니다. 따라서 종목들 중에 장기간(5~10년까지) 하락추세를 유지하던 주가가 한번 상승세로 전환하기 시작하면 폭발적으로 상승하기도 하고, 장기간 상승추세를 유지하던 주가가 하락세로 전환하기 시작하면 끝없이 하락하기도 합니다.

CHAPTER 07

이동평균선의 역배열과 최저점의 원리

1. 이동평균선과 정배열, 역배열의 개념

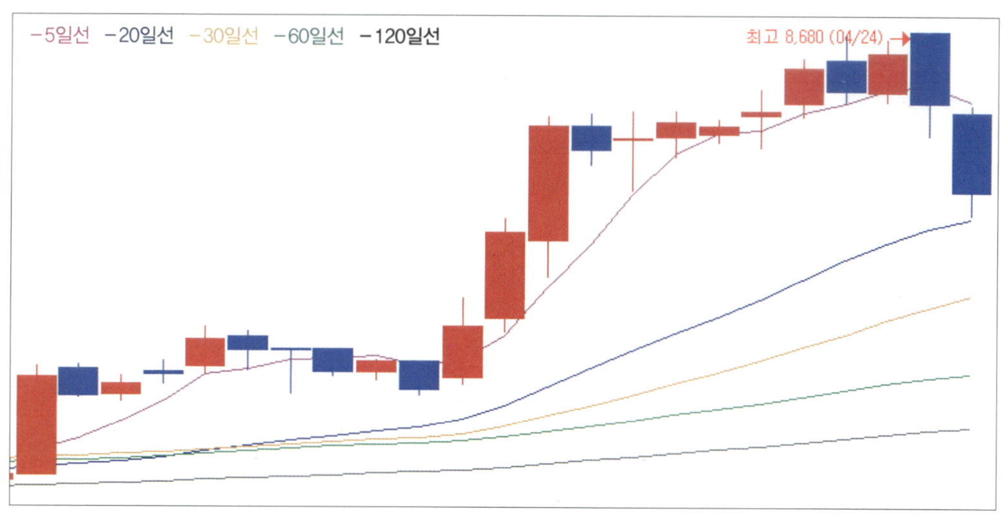

디아이 23.04(일봉)/'정배열 차트'

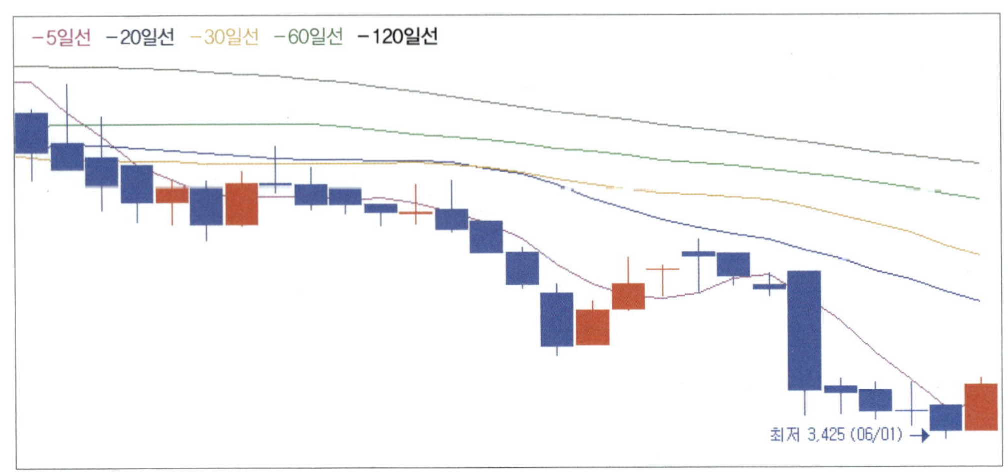

아스트 23.06(일봉)/'역배열 차트'

이동평균선의 종류

① **5일선** : 최근 5일 동안의 종가를 더한 값을 다시 5로 나눈 평균값을 표시한 선으로, '단기 매매선'이라고 부른다. 투자자들의 단기적 심리변화를 파악하는 단기선이다.

② **20일선** : 최근 20일 동안 종가를 더한 값을 다시 20으로 나눈 평균값을 표시한 선으로, '심리선'이나 '생명선'이라고 부른다. 주가가 20일선을 상 · 하향 돌파 시, 추세가 전환되었다고 볼 수 있는 중요한 중기선이다.

③ **60일선** : 최근 60일 동안 종가를 더한 값을 다시 60으로 나눈 평균값을 표시한 선으로, '수급선'이라고 부른다. 장기적인 추세를 파악하고 매수와 매도를 통해서 꾸준하게 투자금이 들어오는지 파악하는 데 중요한 장기선이다.

④ **120일선** : 최근 120일 동안 종가를 더한 값을 다시 120으로 나눈 평균값을 표시한 선으로, '경기선'이라고 부른다. 120일 추세를 거시적으로 보면 경기 추세와 비슷해서 예측할 수 있는 장기선이다.

이러한 이동평균선들이 5>20>30>60>120일선 순시로 정갈하게 뻗어 있는 형태를 '정배열'이라고 합니다. 이와 반대로, 이동평균선들이 5<20<30<60<120일선 순서로 정배열의 역순으로 뻗어 있는 형태를 '역배열'이라고 부릅니다.

2. 최저점의 원리

(1) 역배열의 원리

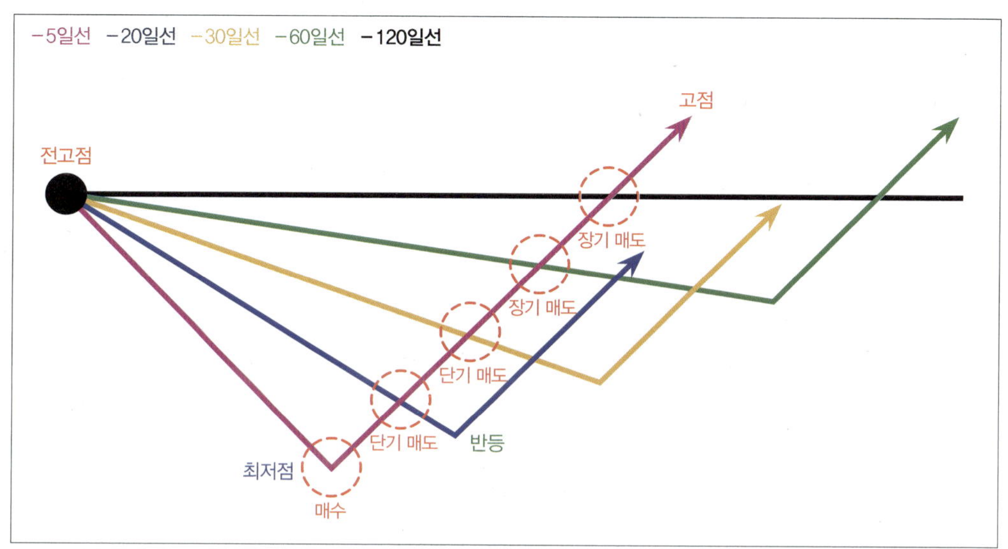

'정갈한 역배열'

매도세가 강해지면 주가는 전고점**(과거부터 현재까지 주가가 가장 높은 지점)**과 비교하였을 때 단기적으로 10~20%, 장기적으로는 20% 이상 하락하여 5일선이 가장 먼저 하락하고 서서히 나머지 선들도 하락합니다. 시간이 흐를수록 5일선이 가장 밑에 있고 120일선이 가장 위에 있는 '이동평균선의 역배열 형태'가 만들어지는데, 이러한 역배열 형태는 주가에서 최저점이 발생하는 필수조건이며 역배열 형태가 정갈하면 정갈할수록 주가가 반등하는 힘이 강합니다. 하지만 이동평균선이 역배열 상태일지라도 5개의 이동평균선 중에서 단 1개의 선이라도 어긋나면 반등하는 힘이 약하여 주가가 하락할 우려가 크기 때문에 저점 매수하지 않습니다.

(2) 최저점 이후의 흐름

5일선이 최저점에 도달하면 그동안 쌓인 매물들을 소화하면서 반드시 반등합니다. 한번 추세 전환하면 5일선이 20일선부터 120일선까지 단계별로 골든크로스(**이동평균선들이 서로 상향 교차하는 시점**)합니다. 만약 매수세가 강해져 5일선이 120일선을 골드크로스하였다면 그 이후에는 다시 정배열 상태로 바뀌는데, 주가는 이러한 추세를 항상 반복하면서 변화합니다. 하지만 5일선이 중기 20일선과 30일선까지는 쉽게 돌파하는 편이지만, 장기 60일선과 120일선을 돌파하지 못하고 다시 주가가 하락하는 경우도 있기 때문에 이런 경우를 대비하여 골든크로스 시점마다 분할 매도하는 것을 추천합니다.

(3) 역배열 차트의 예시

신영증권 21.12(일봉)/'정갈한 역배열'

이마트 22.10(일봉)/'정갈한 역배열'

3. 골든크로스 매매법

(1) 5일선과 20일선 골든크로스 매매법

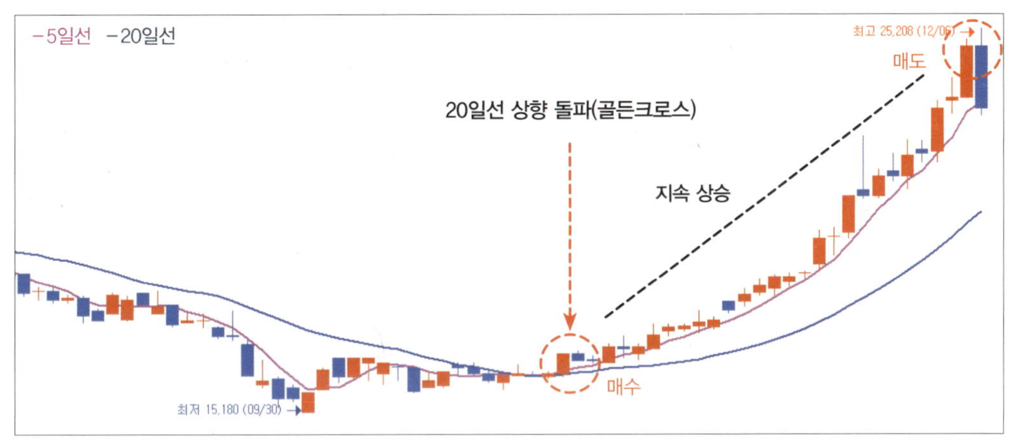

고려제강 22.10(일봉)

주가가 최저점에서 반등하면서 5일선이 20일선을 돌파하고 상승하는 경우 하락추세를 멈추고 상승추세로 전환하는 경우가 많은데 바로 이 시점을 매수포인트로 볼 수 있습니다. 보통 주가는 골든크로스 이후에 장기간 우상향할 확률이 높습니다. 위의 차트에서도 확인할 수 있듯이, 주가는 최저점에서 최고점까지 도달한 것을 볼 수 있습니다.

위와 반대로 주가가 최저점에서 다시 반등을 할 때 5일선이 20일선을 쉽게 뚫지 못하고 강한 저항을 받으면서 재하락을 하는 경우도 종종 있는데 이유는 그만큼 강한 매물대를 형성하고 있다는 것이고 주가를 강하게 올릴 수 있는 세력들도 20일선을 기준으로 매집을 하는 경우가 많기 때문입니다. 모든 종목과 상황에서 다 통하는 것은 아니지만 저점 구간에서 강한 매수세가 발생하면서 5일선이 20일선을 완벽하게 골든크로스 한다면 세력이 움직이기 시작했고 반등의 의미로 봐도 좋을 것입니다.

(2) 20일선과 60일선 골든크로스 매매법

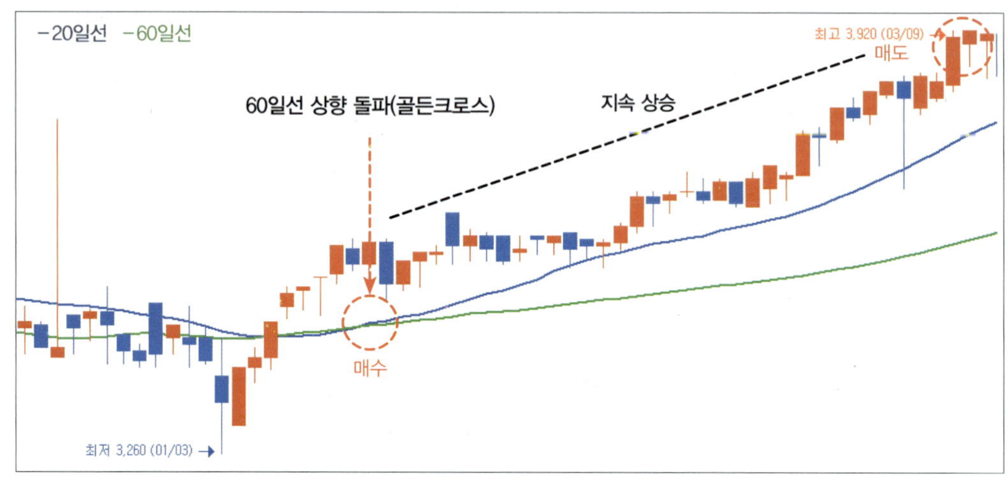

기신정기 23.03(일봉)

20일선이 최저점에서 반등하다가 60일선을 골든크로스 하면 장기간 우상향할 확률이 높습니다. 중기선이 장기선을 골든크로스 한다는 것은 하락세가 멈추고 다시 상승세로 강하게 전환한다는 의미입니다. 차트에서도 주가가 최저점에서 최고점까지 도달한 것을 확인할 수 있습니다.

최저점 구간에서 20일선이 상승한다는 것은 매수세가 강하게 발생한다는 것이고 그러한 20일선이 수급선이라고 부르는 60일 장기선을 골든크로스 한다는 것은 이평선들의 "정배열"이 만들어 지는 초기단계라고 봐도 될 것입니다. 그래서 보통 이 시점에서 매수를 많이 하게 되고 "정배열"이 서서히 시작하면서 향후 주가는 장기간 동안 상승하면서 신고점에 도달하는 경우가 상당히 많습니다.

(3) 1일선과 60일선 골든크로스 매매법

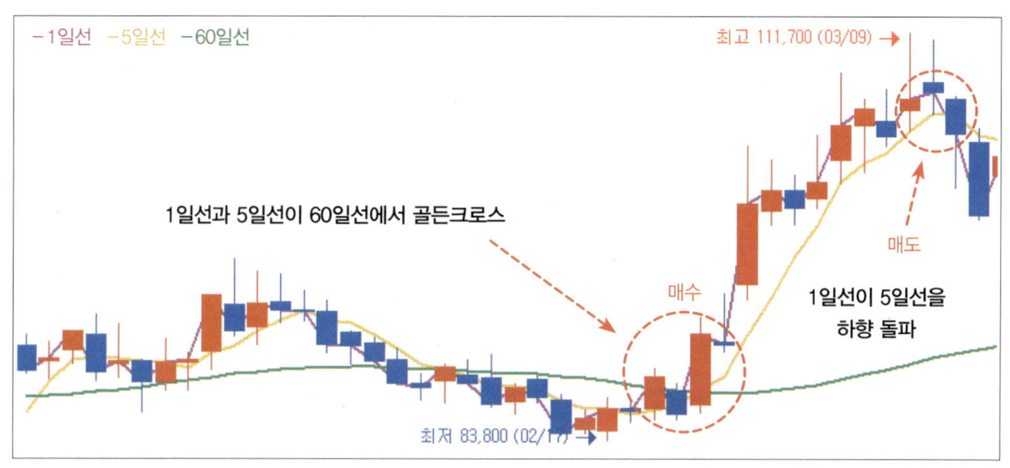

두산 23.03(일봉)

주가가 저점일 때 단기 1일선이 장기 60일선을 돌파한다는 것은 하락추세를 멈추고 상승추세로 전환한다는 것을 의미하므로 매수포인트로 보면 됩니다. 5일선이 아닌 1일선을 기준으로 한 이유는 1일선을 보면 5일선보다 주가의 움직임을 훨씬 더 빠르게 확인할 수 있어 주가가 상승·하락할 때나 추세가 변화하는 시점에서 빠르게 대응할 수 있기 때문입니다. 이러한 1일선과 60일선 골든크로스 매매법에서는 1가지 주의사항이 있는데, 주가가 최저점에서 서서히 상승하다가 1일선이 60일선을 강하게 골든크로스 하는 시점에서 매수해야 한다는 점입니다. 만약, 주가의 하락세가 끝나지 않은 상태에서 잠깐 반등할 때 매수하면 큰 손실이 발생할 수도 있으므로 주의해야 합니다.

다음은 매도포인트를 보겠습니다. 주가는 1일선과 5일선이 60일선을 골든크로스하고 난 뒤, 2개의 선(**1일선과 5일선**)들이 교차하지 않고 지속적으로 상승하다가 결국 최고점에 도달하게 됩니다. 현재 주가는 과매수 상태에 있기 때문에 하락할 가능성이 상당히 높다고 볼 수 있는데, 예상대로 고점으로부터 2일 후에 긴 아래꼬리 음봉 캔들이 발생하면서 주가가 하락하기 시작합니다. 여기서 긴 아래꼬리 음봉 캔들이 발생하는 시점(**1일선이 5일선을 하향 돌파하는 데드크로스 시점**)은 매도포인트로 볼 수 있기 때문에 중요합니다. 항상 주가는 고점에서 하락할 때 1일선이 5일선보다 먼저 하향 돌파하는 경향이 있습니다. 따라서 이동평균선들 중에서 주가 변화에 가장 민감한 1일선을 통해 하락추세 신호를 확인하고 난 다음, 이 시점을 놓치지 않고 매도한다면 수익을 창출할 수 있습니다.

4. 단기저점 매매와 장기저점 매매의 차이

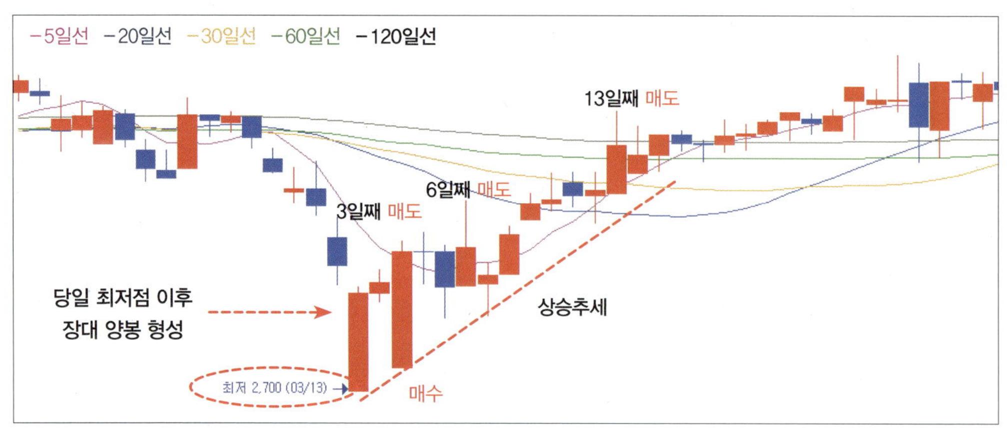

한국종합기술 20.03(일봉)

저점은 하락세가 멈추고 다시 상승세로 전환되는 시점에서 정해 놓은 목표가까지 얼마만에 도달하는지를 기준으로 단기저점과 장기저점으로 구분할 수 있습니다. 단기저점 매매기간은 1일~13일까지, 장기저점 매매기간은 13일~60일까지로 봅니다. 물론 위 차트처럼 상승하는 중간마다 장대 양봉이 발생하면서 강한 매수세를 보이면 바로 그 시점이 매도 시점이 되기 때문에 저점 매매기간은 변경될 수 있습니다.

앞에 설명한 목표가의 의미는 단기로는 30일선을 목표가로 보고 장기로는 60일선을 목표가로 봅니다. 이유는 최저점에서 5일선이 다시 반등하기 시작하면 30일선까지 상승할 확률이 상당히 높고 30일선을 골든크로스 한 후에 재하락하지 않고 지속적으로 상승한다면 60일까지 도달할 확률도 상당히 높기 때문입니다.

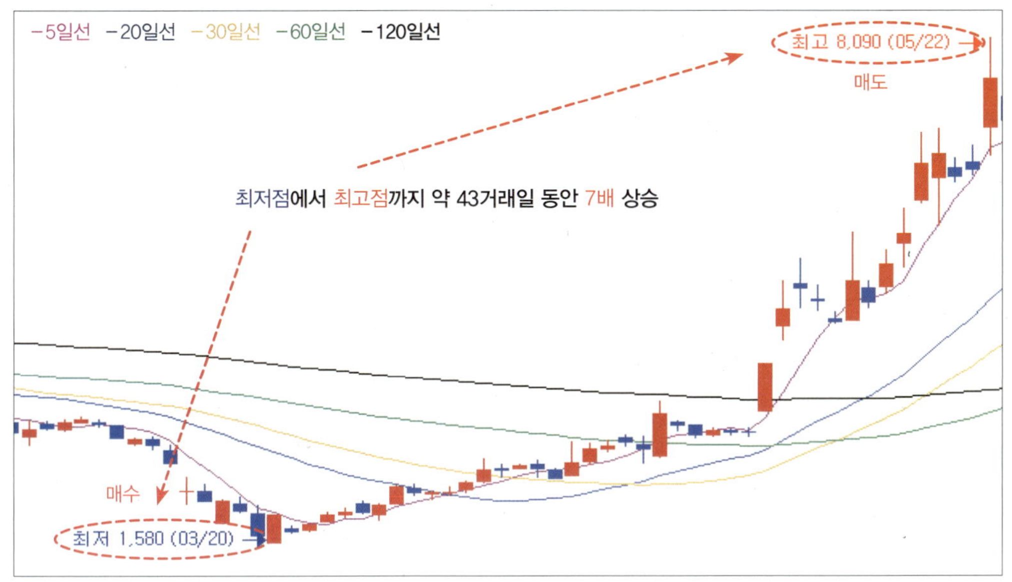

유니온 20.03(일봉)

이 차트는 최저점에서 매수한 후 최고점에 도달할 때까지 약 43거래일 정도가 걸렸습니다. 이처럼 장기저점 매매는 수익을 극대화할 수 있지만, 많은 인내와 끈기는 물론 마인드 컨트롤까지 필요합니다. 보통 이동평균선이 역배열일 때, 최저점에서 반등하기 시작하면 상당히 많은 종목들이 장기 60일선 이상까지는 도달합니다.

CHAPTER 08

일반 저점과 최저점의 차이 5가지

1. 일반 저점과 최저점의 비교

구분	일반 저점	최저점(완전 바닥)
이동평균선	이동평균선이 미완성된 역배열 상태로 단기 이동평균선만 하향 예 5, 10일선만 아래로 꺾인 경우가 많음	이동평균선의 정갈한 역배열 예 이동평균선 순서 : 5일선 → 20일선 → 30일선 → 60일선 → 120일선
하락폭	전고점 대비 약 20~30% 사이의 하락	전고점 대비 30% 이상의 하락
매도세	일시적인 매도세로 RSI 수치는 30 이하지만, 주가와 거래량의 매도세를 측정하는 MFI 수치는 20 이하로 발생하지 않음	강한 매도세로 주가가 하락 또는 폭락하여 RSI 수치는 30 이하이며, MFI 수치는 20 이하로 나타남
거래량	전고점 이후 거래량이 큰 차이 없음	전고점 이후 거래량이 최고로 감소
전저점	약한 하락세로 전저점을 돌파하지 못하고 지지받은 상태로 다시 반등함	강한 하락세로 전저점을 돌파한 후, 최저점에 도달함

(1) 이동평균선(예시)

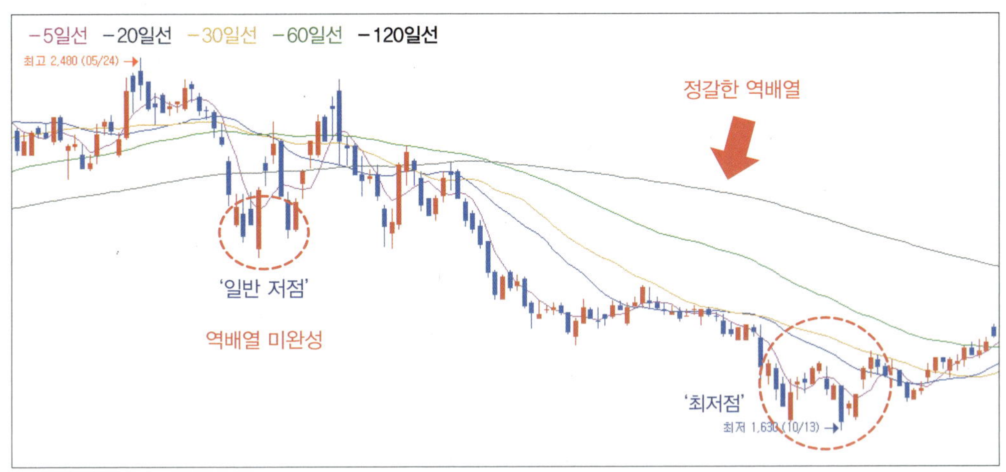

신일전자 22.10(일봉)

최저점을 확인할 수 있는 첫 번째 조건은 '이동평균선의 정갈한 역배열'입니다. 주가는 매수세가 과열된 고점 이후에 강하거나 약한 하락세를 반복하면서 조정됩니다. 하락세가 강하면 강할수록 일반 저점에서 최저점(**완전 바닥**)으로 변화하는데, 이러한 과정에서 이동평균선들도 함께 변화하게 됩니다. 우선, 단기 이동평균선(**5일선**)이 가장 먼저 하향하기 시작하고 점차 시간이 흐르면서 장기 이동평균선(**60일, 120일선**)들도 하향하는데, 바로 이 시점에서 '정갈한 역배열'이 만들어지고 최저점이 발생합니다. 최저점과 달리 일반 저점은 이동평균선이 정갈한 역배열을 이루지 못하고 단기 이동평균선만 하향하는데, 이것은 약한 매도세로 인해 일시적인 저점이 발생된 것으로 볼 수 있습니다.

그래서 일반 저점일 경우 매수를 하지 않고, 반드시 "정갈한 역배열"이 완벽하게 만들어졌을 때 매수를 진행합니다.

(2) 하락폭(예시)

신일전자 22.10(일봉)

최저점을 확인할 수 있는 두 번째 조건은 '현재 주가의 하락폭'입니다. 주가의 하락폭은 현재 주가가 전고점 대비 얼마나 하락하였는가를 수치로 측정하는 것을 말합니다. 차트 속 A지점을 보면, 현재 저점이 전고점 대비 약 23% 하락하였고 단기 이동평균선만 하향한 상태이므로 최저점이라고 볼 수 없습니다. 반면 차트 속 B지점을 보면, 현재 저점이 전고점 대비 30% 이상 하락하였고 모든 이동평균선들이 정갈한 역배열 상태를 이루고 있기 때문에 최저점이라고 볼 수 있습니다. 이 공식대로 모든 차트들이 100% 형성되는 것은 아니지만, 이 공식은 최저점을 파악하는 데 많은 도움을 줄 수 있습니다.

(3) 매도세(예시)

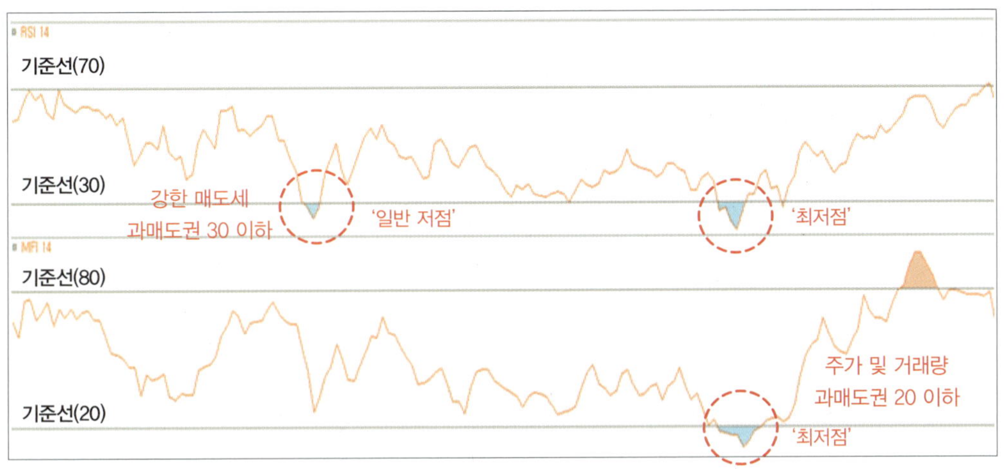

최저점을 확인할 수 있는 세 번째 조건은 '강력한 매도세'입니다. 일반 저점의 매도세와 최저점의 매도세는 일정 기간 매도량이 얼마나 많은지를 기준으로 구분하며, 보통 매수량보다 매도량이 2~3배 이상이면 강력한 매도세라고 볼 수 있습니다. 차트에서 보이는 RSI 지표와 MFI 지표 모두 주가가 하락할 때 매도세를 측정하는 지표이며, 저점 매매의 기준 지표가 되기도 합니다. RSI 지표의 수치가 30 이하로 내려갈수록 과매도권으로 볼 수 있으며 최저점이 발생할 확률이 높습니다. 이와 반대로, RSI 지표의 수치가 70 이상으로 올라갈수록 과매수권으로 볼 수 있으며 최고점이 발생할 확률이 높습니다. RSI 지표와 같은 맥락으로 MFI 지표의 수치가 20 이하로 내려가면 과매도권으로 볼 수 있고, 80 이상으로 올라가면 과매수권으로 볼 수 있습니다. 따라서 매도세가 강해지는 과매도권을 매수포인트로 보는 것이 저점 매매의 핵심입니다.

하지만 두 지표 사이에는 차이점이 존재합니다. RSI 지표는 매도세를 단순하게 측정하는 것에 불과하지만, MFI 지표는 매도세와 거래량의 수치를 복합적으로 측정할 뿐만 아니라 일반 저점과 최저점을 좀 더 세부적으로 구분할 수 있습니다(**두 지표의 세부설명 및 활용법은 뒤에서 자세히 다루었습니다**).

(4) 거래량(예시)

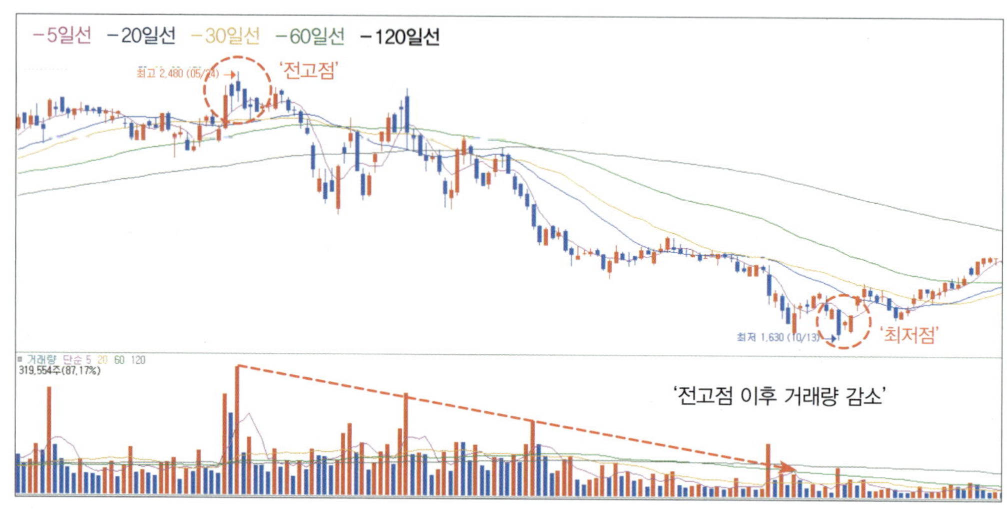

신일전자 22.10(일봉)

최저점을 확인할 수 있는 네 번째 조건은 '거래량 감소'입니다. 보통 거래량은 고점에서는 활발하게 증가하다가 어느 시점에 도달하면 서서히 감소하게 되고 그와 동시에 주가도 함께 하락하는 경우가 많습니다. 이유는 고점에서 수익을 본 투자자들이 주식을 매도하면서 강한 매도세가 발생하게 되고 그 물량을 다시 매수하려는 투자자들이 나타나지 않기 때문입니다. 투자자들은 하락세가 멈출 때까지 투자를 자제하면서 관망하게 되고 어느 정도 주가가 저점에 도달하였다고 느낄 때 다시 투자하려는 심리가 있습니다.

위의 차트에서 확인할 수 있듯이, 전고점 이후 거래량이 점점 감소하다가 최저점 시점에서 거래량이 가장 줄어들었을 때 반드시 얼마 지나지 않아서 단기간에 강한 매수세가 발생하거나 약하지만 서서히 매수세가 증가하면서 다시 주가가 상승하게 됩니다. 그러므로 저점 매매를 할 때 거래량이 가장 적은 시기를 매수포인트라고 보면 됩니다.

(5) 전저점(예시)

신일전자 22.10(일봉)

최저점을 확인할 수 있는 다섯 번째 조건은 '전저점 돌파'입니다. 주가는 일정 구간에서 강한 매도세가 발생하면 지지선이 나타나고, 그 지지선은 더 이상 주가가 하락하지 않도록 방어하는 역할을 합니다. 보통 지지선은 전저점(**과거부터 현재까지 주가가 가장 낮은 지점**)에서 많이 형성되는데, 만약 지지선의 방어력보다 훨씬 강한 매도세가 발생하면 그 선이 깨지면서 최저점 구간이 새로 발생합니다.

위의 차트를 보면, 주가는 점점 하락하다가 1차, 2차 지지선을 돌파하고 결국 최저점(**완전 바닥**)까지 도달하게 되며 이러한 최저점도 또 하나의 강력한 지지선이 될 가능성이 높습니다. 주가는 최저점에서 다시 반등을 시작하는 추세 전환 시점이 있는데 바로 그 시점을 매수포인트로 보면 됩니다(**추세 전환 시그널은 뒤에서 자세하게 다루었습니다**).

2. 일반 저점과 완전 바닥은 무엇이 다른가?

• 5가지 조건 전개도

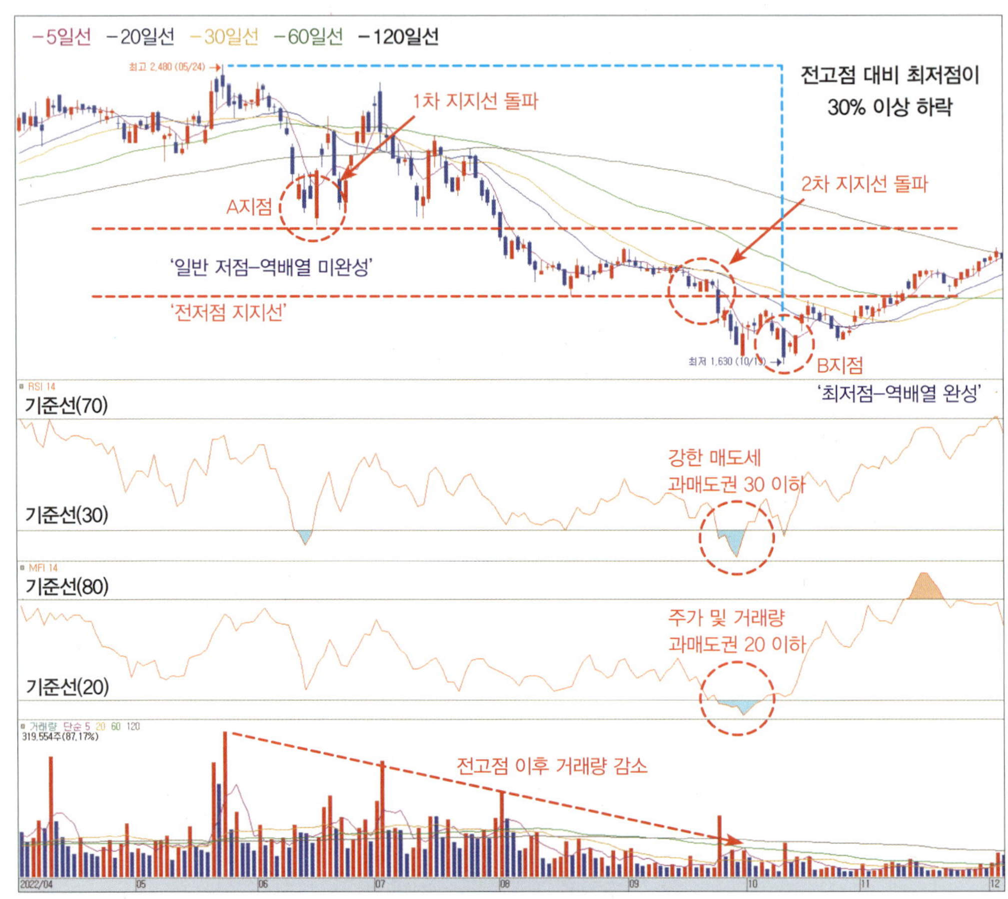

신일전자 22.10(일봉)

CHAPTER 09

최저점에서만 나타나는 5가지 법칙

NAVER 22.01(일봉)

최저점 법칙 5가지

법칙 1. 전고점 대비 30% 이상 하락 시 최저점이 발생한다.
법칙 2. 이동평균선은 역배열 상태에서 반드시 최저점을 만든다.
법칙 3. 주가의 변곡점은 일정한 구간 안에서 규칙적으로 나타난다.
법칙 4. 매도세가 강해질수록 일반 저점에서 최저점으로 변화한다.
법칙 5. 장기간 가장 저점이었던 지지선을 하락 돌파하면 최저점(완전 바닥)이 발생한다.

(1) 법칙 1. 전고점 대비 30% 이상 하락 시 최저점이 발생한다.

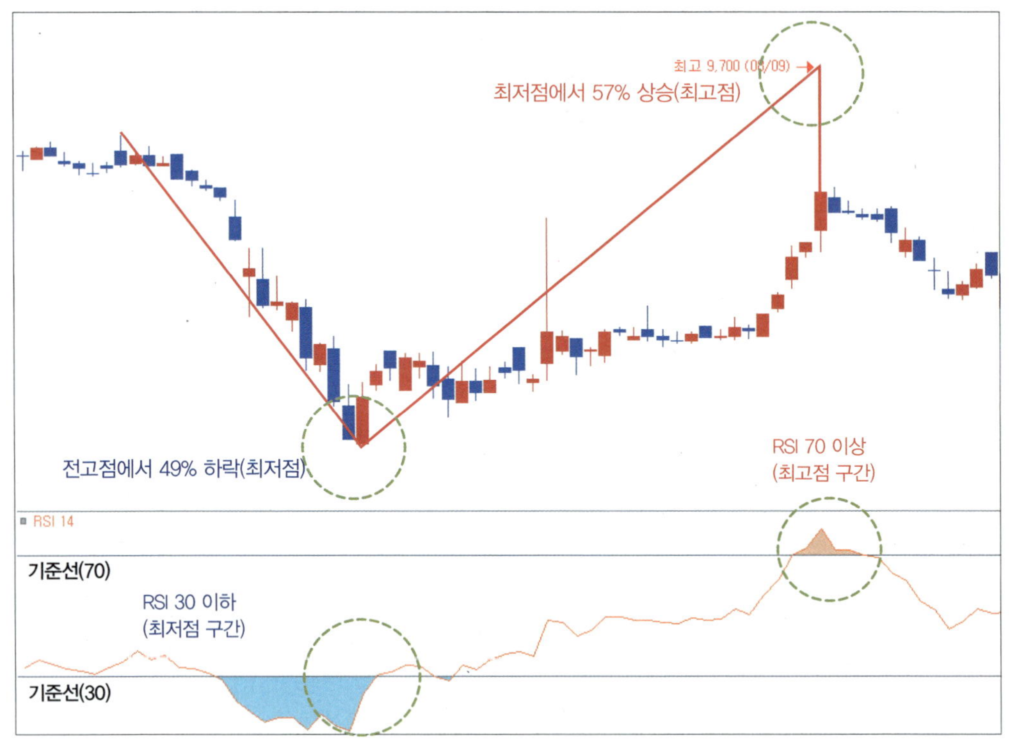

삼화페인트 22.08(일봉)

위의 차트를 보면 전고점에서 하락한 수치보다 다시 반등해서 최고점까지 상승한 수치가 더 큽니다. 이렇듯, 주가는 최고점에 도달하기 전에 깊게 하락하는 경우가 많으며, 최고점에 도달하지 못하더라도 하락한 수치만큼 다시 반등하는 경우도 많습니다. 보통 단기 저점은 전고점 대비 20~30% 빠진 가격 사이에서, 장기저점은 30~50% 빠진 가격 사이에서 많이 발생합니다. 여기서 주의할 점은 악재로 인하여 주가가 하락하고 있는 종목은 반드시 제외하는 것이 좋습니다. 보조지표로 RSI 지표를 함께 보는 이유는 주가의 강도를 나타내는 동시에, 저점 구간에서는 매도세의 강도와 최저점의 깊이를 예측할 수 있으며 고점 구간에서는 매수세의 강도와 최고점의 높이를 예측할 수 있기 때문입니다.

(2) 법칙 2. 이동평균선은 역배열 상태에서 반드시 최저점을 만든다.

금강철강 23.02(일봉)

CHAPTER 07(**이동평균선의 역배열과 최저점의 원리**)에서 설명한 것처럼 이동평균선에는 정배열과 역배열이 있습니다. 최저점은 반드시 역배열에서만 발생하며, 위 차트처럼 역배열 중에서도 정갈한 역배열일 경우에 최저점이 발생할 확률이 높아집니다. 최저점에서 주가가 반등하는 폭도 미완성된 역배열일 때보다 정갈한 역배열일 때 더 커지며, 그 시점에서는 반드시 RSI 지표의 매도세 수치가 30 이하여야 합니다. 만약, 이동평균선은 역배열 형태를 이루고 있지만 RSI 지표의 수치가 30 이상이라면 최저점이 아니므로 매수하지 않습니다. 매도세가 약하면 주가 또한 약하게 반등하고 다시 하락하는 경우가 있기 때문에 오히려 손해를 볼 수 있습니다. 앞으로 저점인지 확인할 때는 RSI 지표 하나만 보지 않고 여러 가지 지표를 동시에 분석해야 하는데, 이에 따른 기술적 분석법은 뒤에서 자세하게 설명하겠습니다.

(3) 법칙 3. 주가의 변곡점은 일정한 구간 안에서 규칙적으로 나타난다.

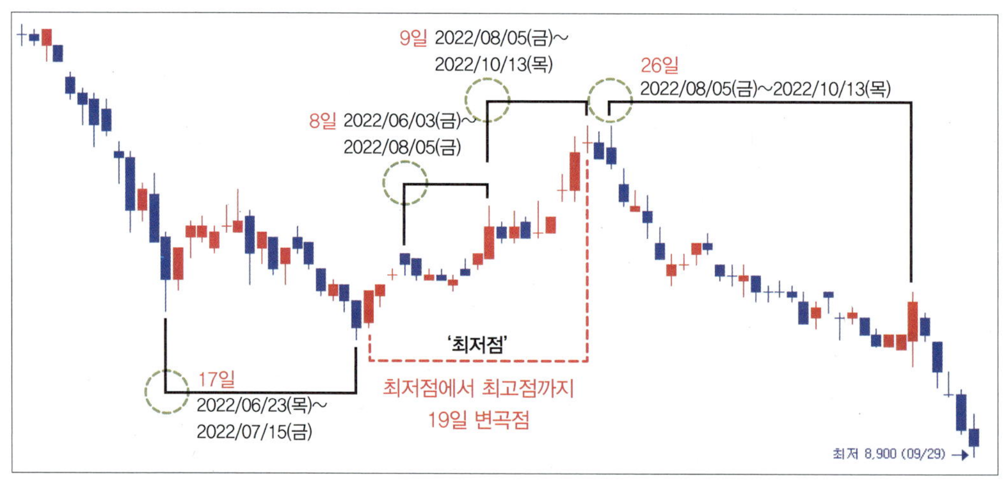

동부건설 22.08(일봉)

보조지표 중 일목균형표는 '전환선, 기준선, 선행스팬(1 · 2), 후행스팬, 구름대'라는 6가지 요소로 이루어져있으며, 일목균형표를 통해 주가의 흐름을 분석하면 주가가 얼마나 규칙적으로 움직이는지 파악할 수 있습니다. 하지만 일목균형표는 너무나도 방대한 지표이기 때문에 저점 매매를 할 때 꼭 알아야 할 부분을 중심으로 설명하겠습니다.

일목균형표에서는 변곡점(**변화일**)이 상당히 중요한데, 여기서 9, 17, 26, 52일이 변곡점에 해당합니다. 위 차트를 보면 주가는 변곡점 마다 상승과 하락을 반복하였고, 최저점에서 고점까지 도달하는 데 19일 걸렸습니다. 참 신기하지요? 일목균형표 변곡점의 핵심은 정확히 9, 17, 26, 52일 변곡점에 변화가 일어나는 경우도 많지만, 이 변곡점쯤에 변화가 일어나기 때문에 매수일과 매도일을 어느 정도 예측하는 데 유용합니다. 만약 최저점에서 매수하였다면 이후에 9, 17, 26, 52일 변곡점에서 단기 또는 장기 고점에 도달할 때 마다 매도하는 것을 추천합니다.

변곡점을 확인하는 방법은 간단합니다. 먼저 주가가 장대 음봉 또는 장대 양봉으로 변화가 나타났다면, 변화가 나타난 캔들을 기점으로 가장 적은 일수인 9일부터 52일까지 순서대로 적용해 보면 됩니다. 다시 말해, 캔들에 변화가 나타난 뒤 9일 후에도 주가에 변화가 없다면 17일, 26일, 52일 변곡점을 차례로 적용하다보면 주가가 단기 또는 장기 고점에 도달한 것을 확인할 수 있습니다. 만약 최저점에서 매수하였다면 9, 17, 26, 52일 변곡점에서 단기 또는 장기 고점에 도달할 때마다 매도하는 것을 추천합니다. 주가가 하락세면 반등할 확률이 높고 상승세면 하락할 확률이 높다는 사실을 기억하면서, 꾸준히 변곡점을 분석하는 연습을 하면 캔들의 흐름을 보고 정확하게 저점에서 매수하고 고점에서 매도할 수 있을 것입니다.

• 주가의 변곡점 전개도

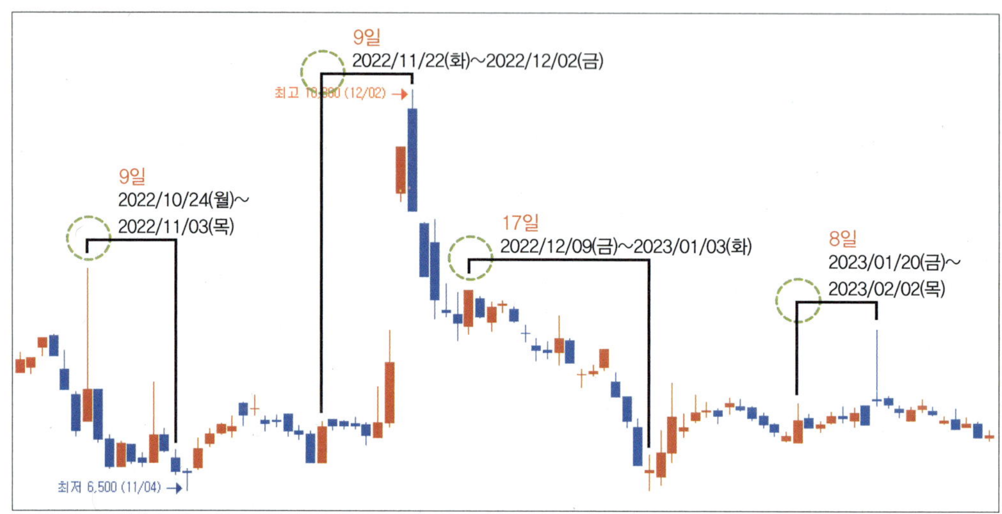

동부건설 22.11(일봉)

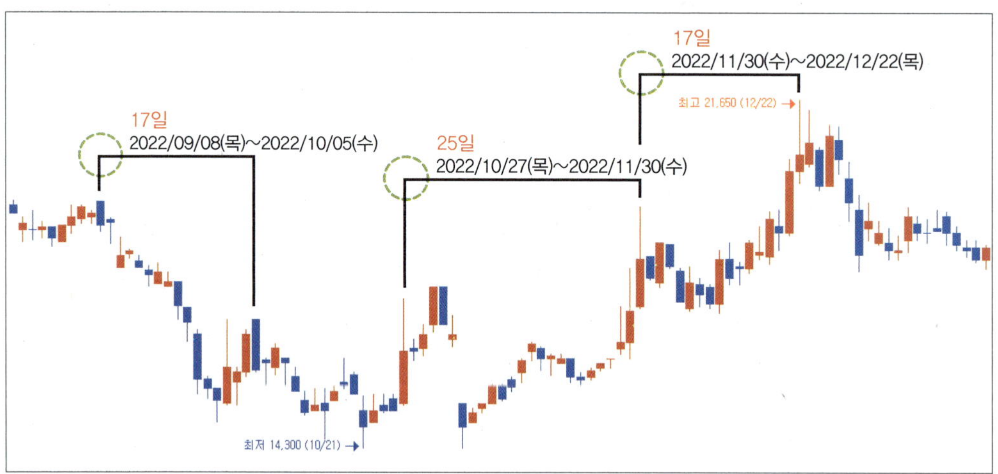

가온전선 22.12(일봉)

(4) 법칙 4. 매도세가 강해질수록 일반 저점에서 최저점으로 변화한다

하이브 22.06(일봉)

첫 번째 차트의 ①번 음봉 캔들은 강한 매도세 때문에 하락하였고, 그 강도를 측정할 수 있는 RSI 지표는 30 이하에 진입하였습니다. 다음날 주가는 결국 최저가까지 떨어졌지만 매수세로 인해 십자형 캔들(**양봉**)로 마감하였습니다. 일반적으로 강한 매도세 이후 양봉으로 마감하였다면 추세 전환을 예상할 수 있지만, 다음날 바로 ①번 음봉 캔들보다 더 강한 매도세로 인해 주가는 ②번에서 -28% 폭락하였습니다. RSI 지표 역시 ①번 음봉 캔들 때보다 수치가 더 깊게 내려갔기 때문에 이 지점을 완전한 최저점으로 볼 수 있습니다.

주가는 이렇게 최저점에 한번 도달하게 되면 그 이후에는 강하게 반등합니다.

여러분이 만약 ①번 구간이 최저점이라고 생각해서 매수하였다면, 그 이후 -28% 손실이 발생하여 가슴 아픈 날들이 시작될 것입니다. 그렇다면 처음부터 ①번 구간을 피해서 ②번 구간에서 저점을 포착하는 방법은 없을까요? 그런 방법이 없다면 이 책을 세작하시도 않았을 것입니다. 당연히 있지요! '최저점 매매'에 최적화되어있는 보조지표들을 복합적으로 분석하여 매매하면 됩니다. 그 비법은 뒤에서 자세하게 소개해 드리겠습니다.

(5) 법칙 5. 장기간 가장 저점이었던 지지선을 하락 돌파하면 최저점(완전 바닥)이 발생한다.

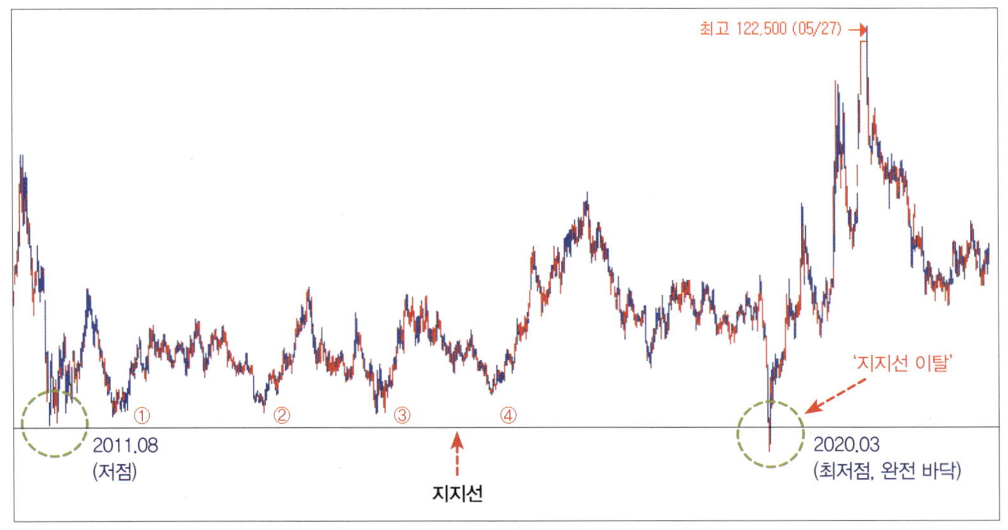

LG(주봉-10년)

LG 주봉을 보면 2011년 8월에 강한 매도세로 인하여 주가는 최저점에 도달하였습니다. 그 이후 반등과 하락을 반복하면서 ①~④번이라는 저점 구간들이 발생하였고, 2011년 8월의 저점이 지지선 역할을 하면서 잘 버텨왔습니다. 지지선은 '장기간 지지하였던 구간은 쉽게 무너지지 않는다.'라는 특징이 있기 때문에 LG 역시 오랫동안 지지선이 쉽게 무너지지 않았습니다. 그러던 중, 2020년 3월에 최대 위기가 찾아옵니다. 바로 '코로나

19'로 인해 전 세계의 주가 지수가 폭락하였고 국내 종목들도 이러한 위기를 피하지 못하였습니다.

LG의 주가는 2011년 8월 이후 거의 10년 만에 지지선을 돌파하였을 뿐만 아니라 최저점(**완전 바닥**)까지 도달하였고, 이것은 2008년 금융위기를 제외하면 최저점이었습니다. 이처럼 장기간 동안 지지받던 구간이 무너지면 최저점(**완전 바닥**)이 발생하여 투자자들에게 큰 충격을 줍니다. 저점 매매는 바로 이런 현상이 나타났을 때 매수하고, 다시 반등하여 주가 상승이 이어질 때 매도하면 됩니다. 즉, 저점 매매는 많은 사람들이 매도할 때 매수하고, 많은 사람들이 매수할 때 매도하는 반대 매매법이라고 보면 됩니다.

CHAPTER 10

1초 만에 최저점을 알아보는 4가지 방법 (일목균형표 지표의 개념)

현재 주가의 정확한 위치를 알기 위하여 보조지표 중에서도 '일목균형표'를 많이 사용하는데, 최저점을 한눈에 바로 알아볼 수 있다는 장점이 있기 때문입니다. '일목'이라는 말은 한눈에 파악한다는 뜻이며, 실제로 일목균형표를 활용하면 과거와 현재 그리고 미래의 주가를 한눈에 파악할 수 있습니다. 여기서 '균형'이 뜻하는 바가 매우 중요한데, 현재 주가를 과거와 미래로 옮겨 그려놓으면 대칭을 이루게 되는데, 이것이 바로 균형이며 서로 영향을 주고 있다는 뜻이기도 합니다. 따라서 주가가 과거의 흐름에 영향을 받는다는 전제 하에, 과거와 미래의 선이 대칭되는 만큼 균형을 이룬다고 보아 주가를 예측합니다. 예를 들어, 주가가 1개월 하락한다면 상승하는 데까지도 1개월 정도 걸린다고 보는 것입니다. 그림을 보면서 보다 쉽게 설명하겠습니다.

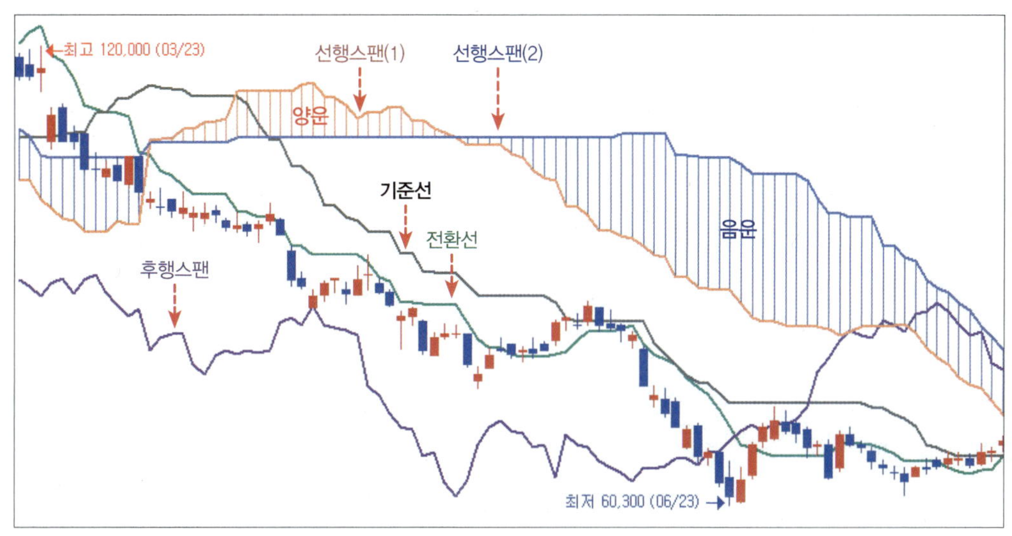

두산 22.06(일봉)

앞에서 설명하였지만, 일목균형표를 이루는 요소에는 전환선, 기준선, 선행스팬(1 · 2), 후행스팬, 구름대라는 6가지 요소가 있습니다. 이중에서 저점 매매에 필요한 요소는 선행스팬(1 · 2)과 구름대 2가지뿐이며, 나머지 요소들은 참고하는 정도로 보시면 됩니다. 일목균형표는 9일, 26일, 52일이 기점이며 이러한 일자들은 중요한 역할을 하고 있습니다. 하지만 선행스팬(1 · 2)과 구름대를 이해하기 위해서는 일목균형표를 이루는 6가지 요소에 대한 이해가 필요하기 때문에 간단하게 설명하겠습니다.

일목균형표를 이루는 6가지 요소

① **전환선** : 당일을 포함한 9일 간의 주가 중에 최고점과 최저점의 중간값, 즉 평균값을 연결한 선이다.

② **기준선** : 당일을 포함한 26일 간의 주가 중에 최고점과 최저점의 중간값, 즉 평균값을 연결한 선이다.

③ **선행스팬(1)** : 전환선과 기준선의 중간값을 26일 후로 예측한 형태를 표현한 선이다.

④ **선행스팬(2)** : 당일을 포함한 52일 간의 최고점과 최저점의 중간값을 26일 후로 예측한 형태를 표현한 선이다. 52일 간은 일목균형표에서 가장 장기선이며, 변화 속도가 매우 느리다.

⑤ **후행스팬** : 현재의 주가를 그대로 26일 전으로 옮기고 연결한 선이다. 26일 전의 가격과 현재 가격을 비교하면서 시세의 추세를 예측할 수 있다.

⑥ **구름**(붉은색=양운, 파란색=음운) : 선행스팬(1)과 선행스팬(2) 사이를 구름대라고 부릅니다. 선행스팬(1)이 선행스팬(2) 위에 있을 때 양운이라 하며 붉은색으로 표현하고, 선행스팬(1)이 선행스팬(2) 아래에 있을 때 음운이라 하며 파란색으로 표현합니다.

이렇듯, 선행스팬(1 · 2)이 만들어지면 구름대를 형성하고 그 구름대가 상승세, 하락세마다 변하면서 붉은색과 파란색을 반복하면서 추세를 알려주고 있습니다. 구름대는 2가지로 구분할 수 있습니다. 양운은 주가가 상승할 때 26일 앞에 그려지는 구름대이며, 주가 상승으로 인하여 형성되는 매수층을 나타내고 고점에서 하락할 때 지지선 역할을 합니다. 이와 반대로 음운은 주가가 하락할 때 26일 앞에 그려지는 구름대이며, 주가 하락으로 인하여 형성되는 매도층을 나타내고 저점에서 반등할 때 저항선 역할을 합니다. 현재의 구름대가 다른 구간에 비해서 넓으면 그만큼 매수 · 매도량이 많다는 것이고, 향후에 이러한 구름대는 저항선과 지지선으로 역할하면서 주가에 크게 영향을 주기도 합니다.

1. 구름 및 이동평균선 역배열

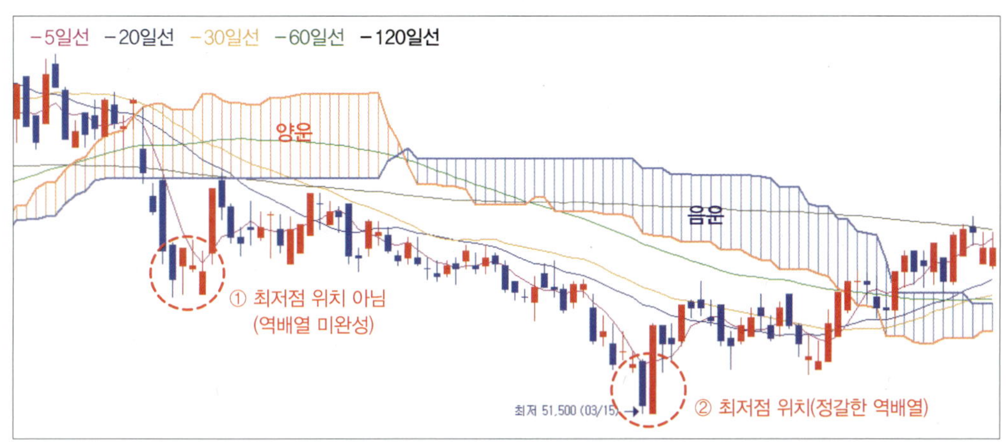

에스원 23.05(일봉)

위 차트를 보고 현재 주가의 최저점이 어디인지 단 1초 만에 파악하라고 한다면 ②번 자리라고 말할 것입니다. "왜 ①번 자리가 아닙니까?"라고 묻는다면 이유가 있습니다. 기존 차트들과 다르게 각 저점마다 위에 구름대가 있습니다. ①번 자리 위에는 '양운', ②번 자리 위에는 '음운'이 있습니다. 주가의 진정한 최저점은 바로 '음운' 밑에서만 발생합니다. 주가가 '음운' 밑에 있으면 이동평균선은 반드시 역배열 상태가 되며, 5일선이 다른 이동평균선보다 가장 아래에 있을 때 최저점이 나타납니다.

다시 정리하자면, 1초 만에 주가의 저점을 파악하는데 딱 2가지만 보면 됩니다. 첫 번째는 현재 주가의 위치가 일목균형표의 구름 중에서도 '음운' 밑에 있는지, 두 번째는 주가가 '음운' 아래에 위치해 있다면 이동평균선 중 5일선이 가장 아래에 있는 '정갈한 역배열' 상태인지 확인합니다. 이동평균선만 보지 않고 구름대를 함께 보는 이유는 이동평균선으로 예측한 최저점의 위치를 음운으로 한 번 더 정확하게 확인할 수 있기 때문입니다. 주가가 음운 아래에 있다는 것은 강한 매도세로 인해서 음운이 형성되어 저점에 도달하였다는 것이고, 이동평균선이 정갈한 역배열 상태라면 흔히 말하는 '팔 사람 다 팔았다.'라는 시점으로 볼 수 있기 때문에 이 시점에서 매수한다면 수익을 최대로 얻을 수 있습니다.

2. 기준선 및 전환선

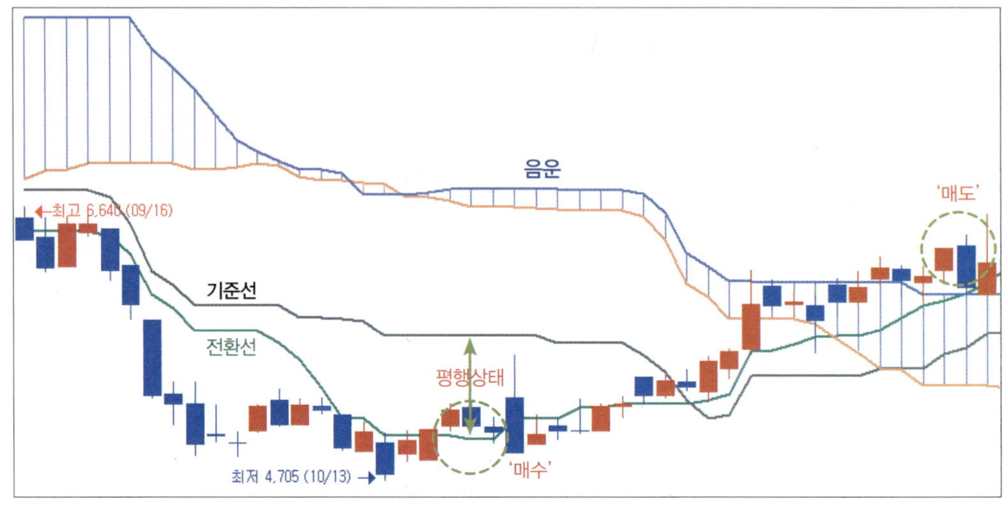

흥국 22.11(일봉)

또한 일목균형표의 기준선과 전환선을 활용하면 1초 만에 저점을 알아볼 수 있습니다. 기준선과 전환선은 일정 기간 주가의 최고점과 최저점을 평균값으로 연결한 선인데, 매도세가 강해지면 동시에 하락하고 다시 매도세가 약해지면 서로 평행을 이루다가 주가가 상승하면서 추세 전환한다는 특징이 있습니다. 위의 차트처럼 주가가 음운 아래에 있으며 기준선과 전환선이 동시에 하락하다가 어느 정도 하락세가 멈출 때 서로 평행을 이루는 시점이 바로 최저점입니다. 즉 저점 매수를 하기 위해서 가장 중요한 매수포인트는 '평행상태' 시점이라고 볼 수 있습니다.

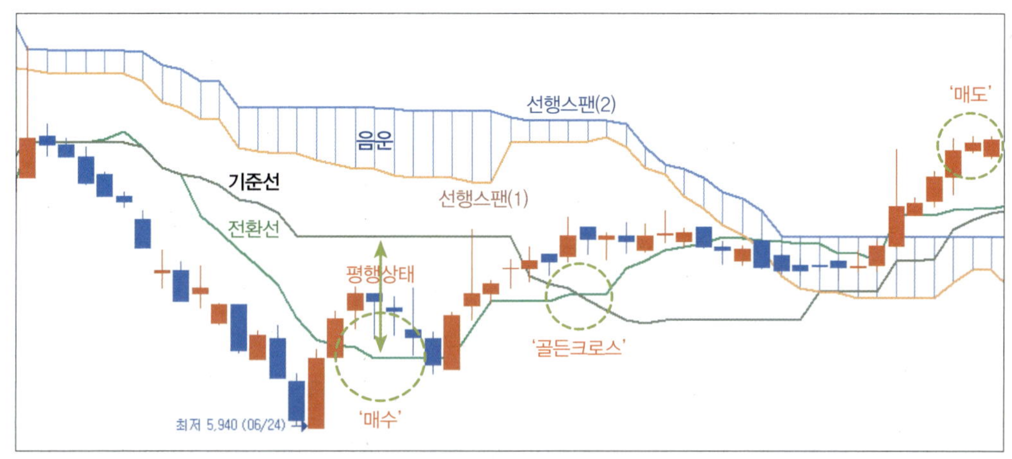

대화제약 22.06(일봉)

위 차트 역시 강한 하락세로 인해서 기준선과 전환선이 하락하다가 최저점에 도달하였고 그 후에 다시 매수세가 강해지면서 기준선과 전환선은 평행상태가 되었습니다. 평행상태가 끝나고 주가가 점점 상승하면서 전환선이 기준선을 골든크로스 하였고 결국 최고점까지 도달하였습니다. 이처럼 음운 아래에서 최저점이 발생하면 수일 내에 강한 반등과 함께 추세가 전환되고 결국 음운까지 돌파하면서 최고점까지 도달하는 경우가 많습니다.

3. 기준선/전환선+이동평균선 역배열

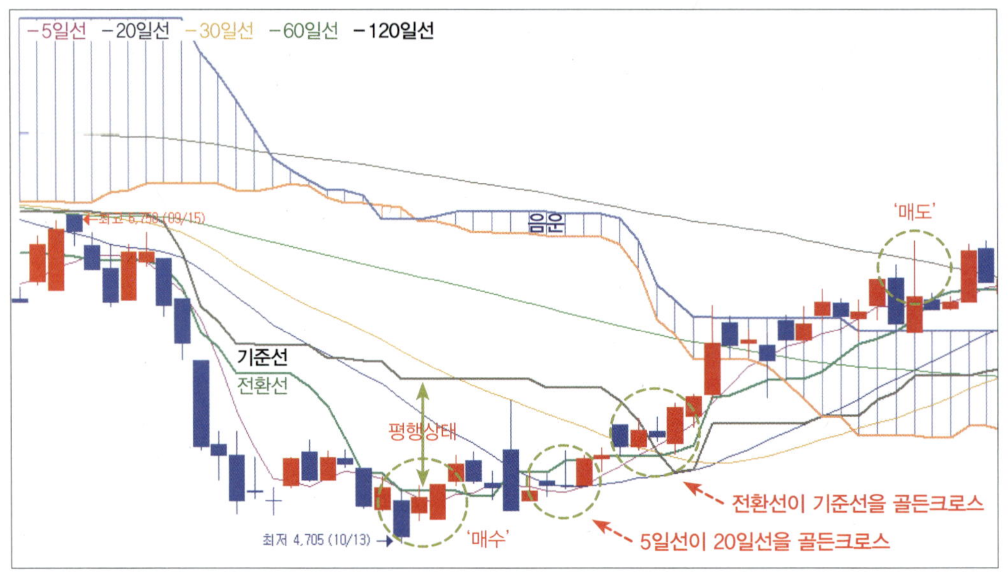

흥국 22.11(일봉)

앞에서 일목균형표의 기준선과 전환선을 통해서 간단히 저점 위치를 파악하였다면, 이번엔 5개의 이동평균선을 추가해서 최저점 위치를 확인해보겠습니다. 우선, 5일선이 가장 밑에 있는 상태에서 20일선부터 120일선까지 순서대로 정갈하게 역배열 형태를 이루고 있는지 확인합니다. 이러한 형태일 때 최저점일 확률이 매우 높으며, 매수포인트 역시 같은 시점이라고 보면 됩니다. 좀 더 쉽게 설명하자면, 주가가 지속적으로 하락하다가 하락세가 멈추는 시점의 주가 형태를 보면 음운 밑에서 이동평균선이 정갈한 역배열 상태가 되고 기준선, 전환선이 동시에 평행을 이루고 나서 5일선이 20일선을 골든크로스 하는 동시에 전환선이 기준선을 골든크로스 하면 추세 전환에 성공한 것으로 보면 됩니다. 이러한 경우에 매도포인트는 주가가 음운을 돌파하고 어느 정도 고점에 도달하는 시점으로 보면 되는데, 만약 음운이 강한 저항선으로 역할하면서 주가에 악영향을 주고 다시 하락한다면 그 시점을 중간 매도포인트로 보면 됩니다.

4. 기준선/전환선+이동평균선+RSI 지표

흥국 22.11(일봉)

이번에는 1초 만에 최저점을 알아보는 법의 마지막 단계로 이동평균선의 정갈한 역배열과 기준선/전환선의 평행상태 그리고 RSI 지표의 결합으로 최저점을 정확하게 확인하는 방법을 알아보겠습니다.

일정 구간에서 강한 매도세가 발생하면 RSI 지표는 30 이하 구간에 진입하는 경우가 많은데, RSI 수치가 30 이하라는 것은 매도세가 상당히 강한 상태이면서 주가가 최저점에 도달하였다는 것을 의미합니다. 앞서 설명하였던 기준선과 전환선의 평행상태, 음운의 아래에 있는 주가 위치, 이동평균선의 정갈한 역배열과 함께 확인해야 하는 RSI 수치는 저점 매매에서 상당히 중요한 지표입니다. 보통 RSI 수치가 30 이하일 때 기준선과 전환선이 딱 맞게 평행상태를 보이는 경우가 많으나, 위 차트처럼 수일 정도 지나서 형성되는 경우도 있습니다. 매수포인트는 기준선과 전환선이 평행상태를 이루는 시점이며, 매도포인트는 RSI 수치가 70 이상의 과매수권에 진입하였을 시점으로 보면 됩니다.

지금까지 설명하였던 최저점을 1초 만에 알아 볼 수 있는 4가지 기법(**기준선/전환선 평행상태, 이동평균선의 역배열, RSI 수치 30 이하**)을 실전에서 활용한다면 최저점 바닥 매매를 하는데 큰 도움이 될 것입니다. 많은 연습과 노력을 통해 큰 수익을 창출하길 바랍니다.

CHAPTER 11

주가 하락세에 나타나는 저점 유형 8가지

1. 십자가형 아래꼬리 저점

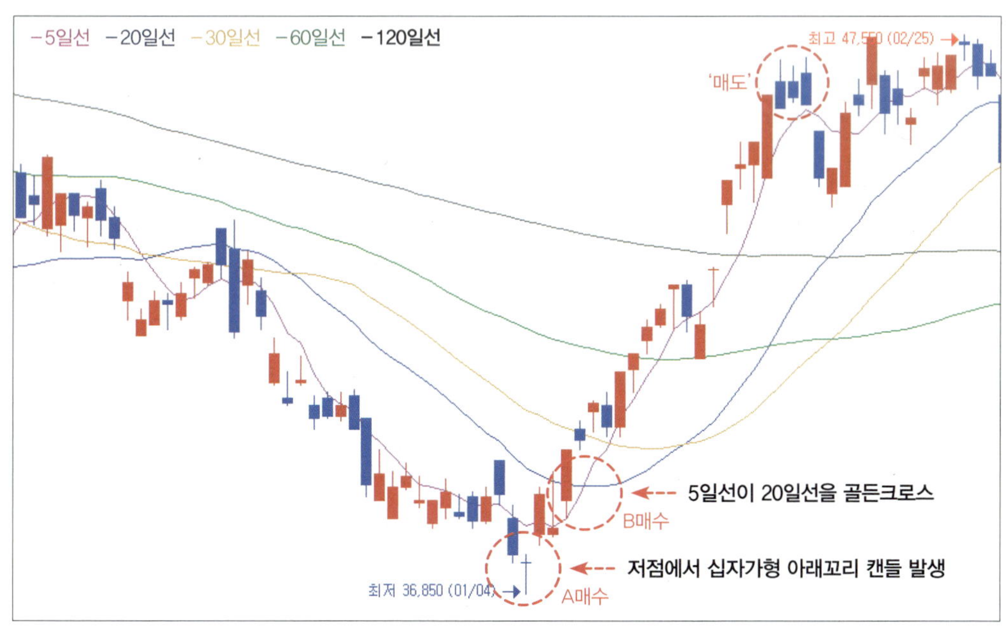

삼성전자 19.01(일봉)

주가가 크게 하락하였는데도 불구하고 저점에서 매수하려는 사람들이 많아서 하락세가 멈출 정도로 매수세가 강해지면 캔들은 아래꼬리를 달고 십자형 캔들로 마감합니다. 십자형 캔들은 당일 강한 매도세로 인해서 시가보다 훨씬 낮은 최저가까지 떨어졌다가 다시 장중에 강한 매수세가 들어와 결국 시가와 종가가 같은 형태입니다. 즉, 많은 사람들이 주가가 더 이상 하락하지 않을 거라는 생각으로 매수하기 때문에 매도세보다 매수세가 더 강한 상태이며 추후에 상승추세로 전환된다는 의미이기도 합니다. 장중에 매도세를 이길 만큼 강한 매수세가 들어왔다는 것은 이제 하락을 멈추고 주가가 저점에서 다시 상승한다는 의미로 봐도 좋습니다.

보통 저점에서 매수세가 나타나면 추세 전환을 시작할 뿐만 아니라 그 이후 주가가 상당히 높게 상승할 수 있다는 것을 의미하기도 합니다. 주가는 한 번 추세를 전환하면 같은 방향으로 지속적으로 나아가려는 습성이 있기 때문에 최고점까지 도달할 확률이 높습니다. 위 차트의 경우, 단기 심리선인 5일선이 20일 세력선을 골든크로스 하였다는 것은 상승추세 전환을 완벽하게 하였다는 것을 보여주므로 A매수 지점에서 저점 매수를 하는 것이 정석이지만 만약 타이밍을 놓쳤다면 B매수 지점에서 매수하여도 괜찮습니다.

2. 망치형 아래꼬리 저점

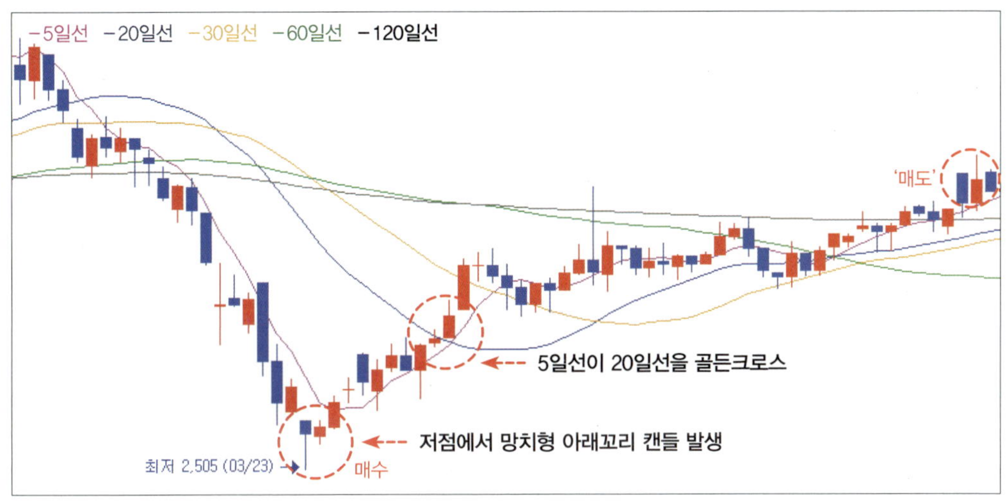

누리 플랜 20.03(일봉)

매도세가 강해지면 주가는 하락하지만, 다시 매수세가 강해지면 반드시 주가는 반등합니다. 최저점에서 이러한 추세 전환의 신호로 가장 많이 발생하는 캔들이 바로 '망치형 아래꼬리 캔들'입니다. 앞서 설명한 것처럼 어느 시점에서 하락세가 약해지면 많은 사람들은 주가가 더 이상 하락하지 않을 거라는 생각으로 매수하다가 하락세가 멈출 정도로 매수세가 강해지면 캔들은 아래꼬리를 달고 마감하기 때문에 이러한 캔들이 발생하는 시점을 추세 전환의 신호로 파악하고 매수포인트로 잡아야 합니다. 위 차트의 경우, 매수 시점에서 매수하였다면 그 다음날부터 주가는 상승세를 유지하면서 5일선이 20일선을 골든크로스하게 되고 결국 60일선과 120일선을 돌파하며 20일 신고가(**주가가 이전에 없었던 최고가를 기록한 경우**)에 도달하였습니다.

따라서 저점 매매 시, 이동평균선의 역배열과 보조지표 분석도 중요하지만 저점 신호를 가장 먼저 알려주는 캔들을 확인하는 것도 상당히 중요하기 때문에 절대 등한시해서는 안 됩니다.

3. 삼공 저점 유형

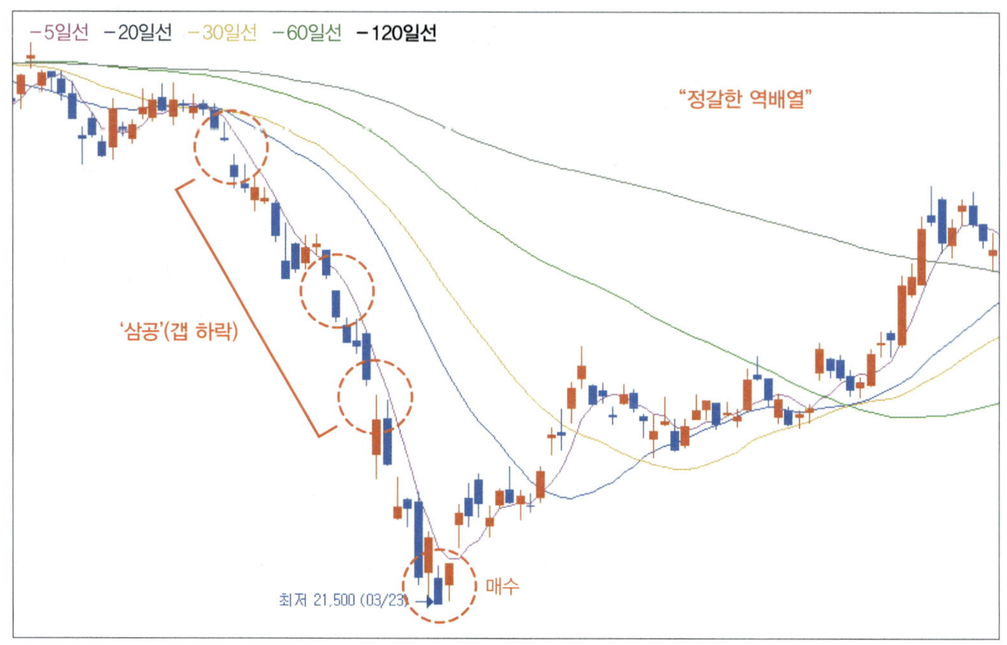

기아 20.03(일봉)/'정갈한 역배열'

주식 격언 중에 '삼공은 무조건 파고들어라.'라는 말이 있습니다. 주가가 여러 번 갭을 두고 급락하는 것은 그만큼 매도세가 강하다는 뜻이기 때문에 최저점에서 다시 반등하였다면 무조건 매수해야 합니다. 즉, 삼공 캔들이 갭 하락(**전일 종가보다 당일 시작가가 큰 차이로 하락할 때**) 이후 5% 이상 양봉 캔들이 발생하거나 캔들이 5일선을 돌파하는 시점은 최저점이자 매수포인트이며, 5일선이 20일선과 30일선을 골든크로스하고 난 다음 계속해서 상승하다가 5일선이 다시 하락하는 시점에서 매도하면 됩니다. 보통 삼공 이후 중고점은 60일선 정도에서 발생하며, 최고점은 120일선 위에서 발생합니다.

4. 잉태형 저점 유형

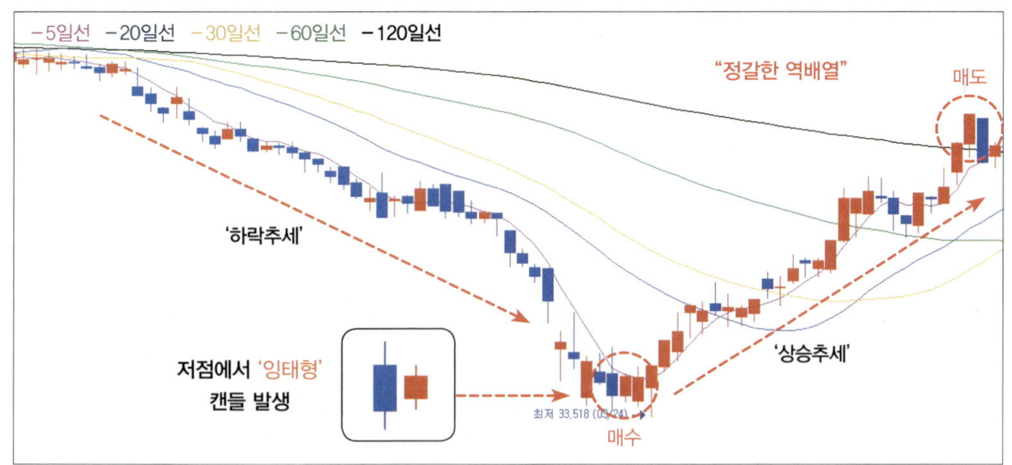

유니드 20.03(일봉)/'정갈한 역배열'

하락추세일 때 저점에서 엄마가 아기를 잉태하고 있는 모습과 비슷한 '잉태형 캔들'이 나타나면 추세 전환의 의미로 보면 됩니다. 첫 번째 음봉이 위 · 아래꼬리를 달고 있으며, 두 번째 양봉은 첫 번째 음봉처럼 위 · 아래꼬리를 달고 있지만 첫 번째 음봉보다 몸통이 작은 것이 특징입니다.

잉태형 캔들 이후 양봉 캔들이 연속적으로 발생한다면 매수세가 강하게 들어온다고 볼 수 있는데 이런 경우 한 번 상승하기 시작하면 단기 고점으로 30일선, 장기 고점으로 60일선까지 도달하기도 합니다.

5. 삼중저점 유형

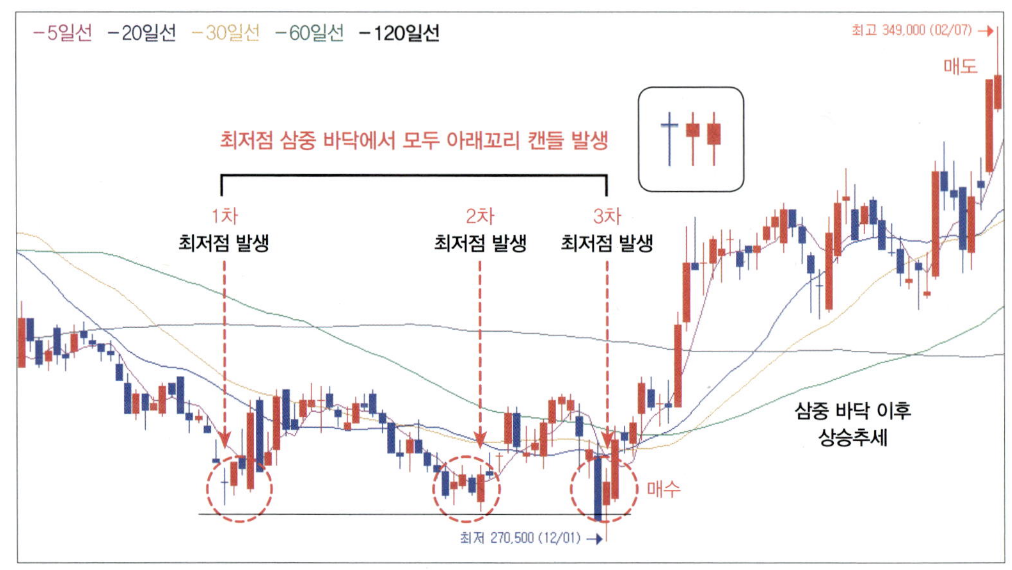

농심 21.11(일봉)

주가가 최저점에 약 2달 간격으로 3번 도달하면 상승추세 전환할 가능성이 큽니다. 보통 세력들이 주가를 강하게 끌어올리기 위해서는 매도를 유도하면서 매도 물량을 흡수해야 하는데, 그러한 현상들은 최저점에서 오르내리기를 반복하는 것으로 나타납니다. 어느 정도 매집(**매도물량 매수**)이 끝나면 강한 상승추세를 유지하면서 결국 최고점까지 도달하는 경우가 많습니다.

위 차트를 보면 주가가 최저점에 도달할 때마다 아래꼬리 캔들이 발생하였는데 이것은 지속적으로 유지하던 강한 매도세를 지지선에서 더 이상 하락하지 않게 매수세가 소화해 준다는 의미이기도 합니다. 그래서 삼중 바닥에서 아래꼬리 캔들 직후에 매수하는 것을 추천합니다.

6. 그릇 저점 유형

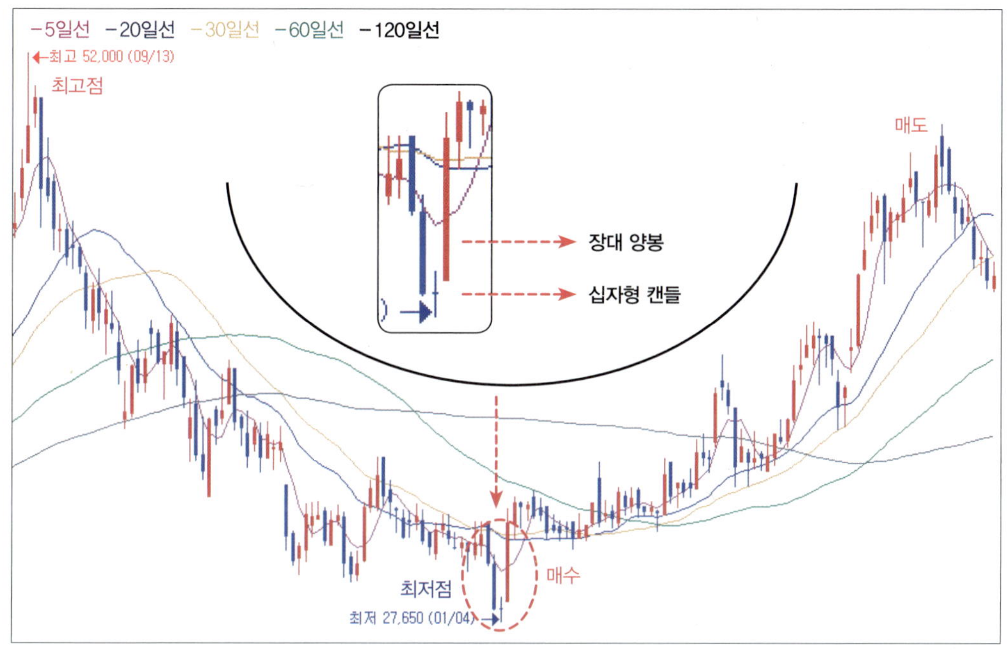

아세아제지 19.01(일봉)

주가가 최고점에 도달한 뒤 지속적으로 하락하면 앞으로 주가가 최저점보다 더 하락할지 아니면 주가가 최저점보다 상승하게 될지에 대해 파악하지 못하여 손실을 보는 경우가 많습니다. 이러한 상황을 대비하여 현재 주가가 최저점인지 아닌지 알아보는 방법이 있습니다. 바로 최저점에 도달한 당일에 십자형 캔들이 나타나고 다음날 장대 양봉이 나타나면 보통 상승추세로 변화하기 시작합니다. 이러한 유형은 주가의 전체적인 모습이 그릇 모양이며, 주가가 항상 고점 → 최저점 → 고점 순으로 변화합니다.

7. 역깃발형 저점 유형

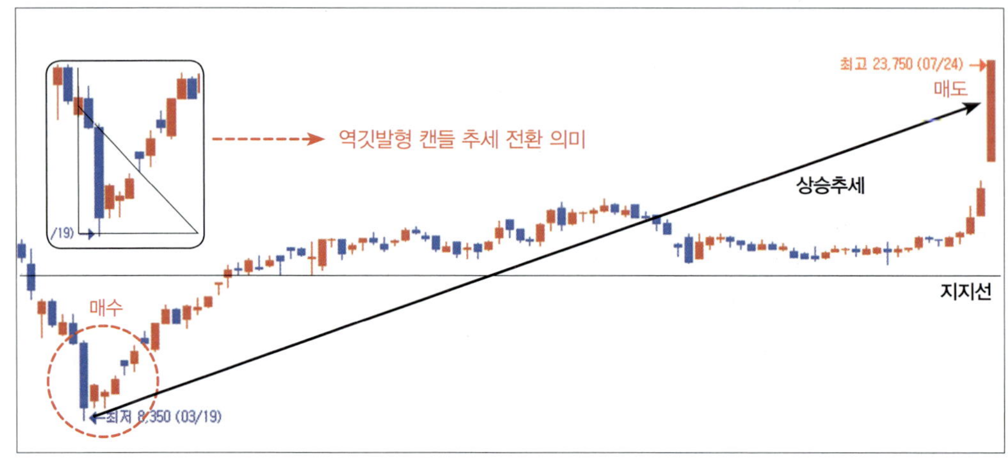

계룡건설 20.03(일봉)

주가가 최저점일 때 나타나는 중요한 형태가 있는데, 바로 깃발을 거꾸로 눕힌 형태인 역깃발형입니다. 강력한 추세 전환이 이루어지는 것을 보여주는 이 유형은 반드시 최저점일 경우에만 분석해야 합니다. 위의 차트에서 볼 수 있듯이, 캔들이 오른쪽으로 갈수록 모양에 상관없이 몸통이 점점 작아지는데 여기에 십자형 캔들 또는 망치형 캔들이 나타난다면 반등할 가능성이 상당히 높습니다.

8. 적삼병 저점 유형

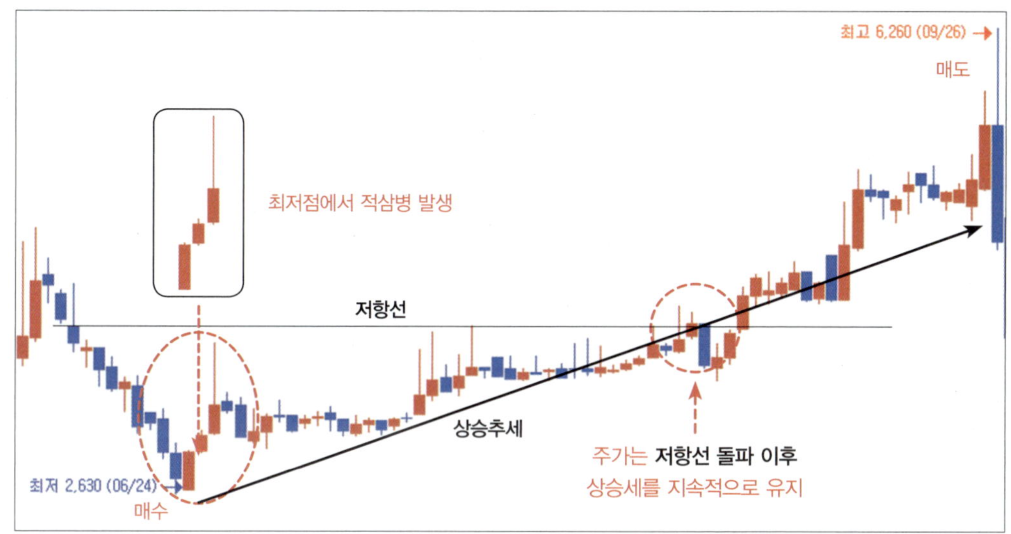

알톤스포츠 22.09(일봉)

최저점이 발생한 당일부터 적삼병(**양봉 캔들 연속 3개가 발생하는 것**) 캔들이 연속적으로 나타난다면 강하게 추세 전환이 이루어지고 있다고 보면 됩니다. 그동안 주가는 강한 매도세로 인하여 최저점까지 도달하였지만, 매도세의 끝자락에서 다시 매수세가 발생하기 시작하면서 반등하게 됩니다. 이때 양봉 캔들이 연속적으로 나타나다가 어느 시점에서 더욱 강한 매수세로 인해서 저항선을 돌파하게 된다면 최고점까지 도달하게 됩니다.

시세의 대비밀

시세를 역행하는 이치는 고가에 팔고 저가에 사는 것이며 이는 쌀 거래의 대비밀이다.

– 『삼원금천비록(三猿金泉秘錄)』 中 –

보조지표 분석 및 실전 매매법

CHAPTER 12 저점에서 가장 신뢰도가 높은 단 하나의 RSI 지표
– RSI & MFI, RSI & ADX, RSI & Sonar Momentum

CHAPTER 13 주봉에서 최저점을 가장 정교하게 잡아주는
RSI & TSF 매매법

CHAPTER 14 최저점 캔들 하나까지 잡아주는 DMI(–DI) 지표
– DMI(–DI), DMI(–DI)&RSI, DMI(–DI)&MACD

CHAPTER 15 주가의 비율로 저점의 위치를 찾는 엔벨로프 지표
– 엔벨로프 & RSI

CHAPTER 16 재무제표 및 공시로 종목 간단하게 선별하는 법

CHAPTER 17 저점 매매 시 승률을 높이는 과거 차트 분석법

CHAPTER 18 신규 상장주로 최대 수익을 내는 '저점 매매 절대 공식'

CHAPTER 12

저점에서 가장 신뢰도가 높은 단 하나의 RSI 지표

1. RSI(Relative Strength Index) 지표의 개념

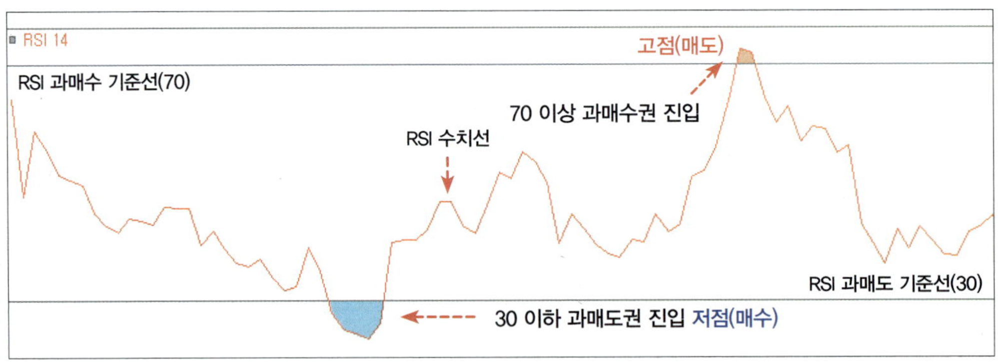

고려아연 23.01(일봉)

RSI 지표는 저점 매매 시 핵심이 되는 지표이며, 백분율로 표시해서 알려주기 때문에 현재 주가의 추세가 상대적으로 어느 정도인지 파악하는 데 많은 도움을 줍니다. 예를 들어, A종목의 매도세가 상대적으로 너무 강해서 RSI 30 이하 과매도권에 진입하거나 매수세가 너무 강해서 RSI 70 이상 과매수권에 진입하는 현상을 지표로 나타낼 수 있습니다.

RSI 지표는 14일 동안 주가가 전일 가격에 비해 상승한 수치와 하락한 수치의 평균값을 산출한 것인데, 상승한 수치가 크면 '과매수' 상태로 볼 수 있으며 반대로 하락한 수치가 크면 '과매도' 상태로 볼 수 있습니다. 이 책에서 여러 번 설명하겠지만 매도세가 강하면 보유자들이 많은 물량을 동시에 매도하므로 그 시점에서 저점 구간이 만들어지며, 이러한 저점 구간은 과매도권에서 이루어집니다. 이러한 상황이 되면 매수 대기자들은 '지금이 저점 구간이구나, 매수해야지.'라는 생각으로 매수하기 때문에 매수세가 조금만 커져도 주가는 강하게 탄력받으면서 지속적으로 상승하기 시작합니다. 앞으로 이 원리를 잊지 않는다면, 저점 매매를 하는 데 많은 도움을 받을 수 있을 것입니다.

2. RSI 매매 포인트

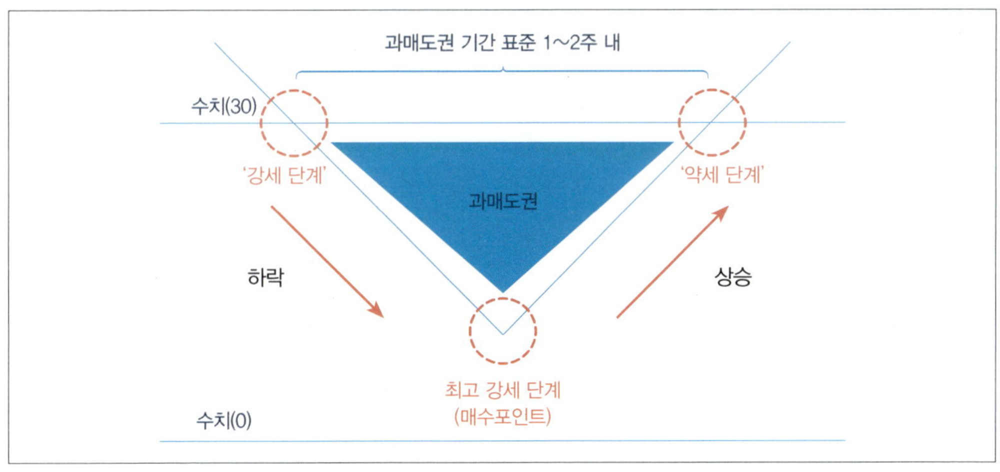

RSI 30 이하 과매도권 흐름도

주가의 저점은 강한 매도세로 인해서 발생하는데 그러한 매도세를 RSI 지표로 측정하는 방법은 첫 번째 '강세 단계', 두 번째 '최고 강세 단계', 세 번째 '약세 단계'로 나뉩니다. 이렇게 나뉜 단계별 포인트는 아주 중요한 매수포인트가 되기 때문에 한 단계씩 집중해서 분석할 필요가 있습니다.

첫 번째 '강세 단계'는 큰 등락이 없었던 주가가 갑자기 악재 공시, 실적, 뉴스 또는 회사 내부적 이슈로 인해서 하락하기 시작하는데 이때는 아주 강력한 매도세가 발생합니다. 이 시점은 RSI 수치로 30 이하이며 수치가 0~30 사이에 있을 때 '과매도권'이라고 봅니다. 간혹 일반투자자들은 '강세 단계'에서 매수하는 경우가 있는데, 이 시점은 주가가 이제 막 과매도권에 진입하는 단계이고 반드시 추가 하락이 발생하기 때문에 매수하지 않는 것을 추천합니다.

전 단계보다 더욱 강력한 매도세가 발생하면 주가는 두 번째 '최고 강세 단계'에 도달하게 되는데, 이 단계는 속된말로 '팔 사람 다 팔았다.'라고 표현하는 시점으로 매수세가 조금만 늘어나도 주가는 상승하기 시작하고 추세 전환까지 이어질 수도 있으므로 바로 이 시점에서 매수해야 합니다.

매수 이후 매도세가 점점 약해지면서 주가는 상승하게 되고 세 번째 '약세 단계'에서는 보통 장대 양봉이 많이 발생하거나 작은 양봉이 연속적으로 발생합니다. 만약 '최고 강세 단계'에서 매수 타이밍을 놓쳤다면 이 시점에서 매수해도 되는데, 매도세가 멈추고 다시 반등한다는 신호를 주는 시점이기 때문입니다. 과매도권은 단기적으로는 1~2주 정도, 장기적으로는 1개월 이상 지속하기도 합니다.

3. RSI + 거래량 분석

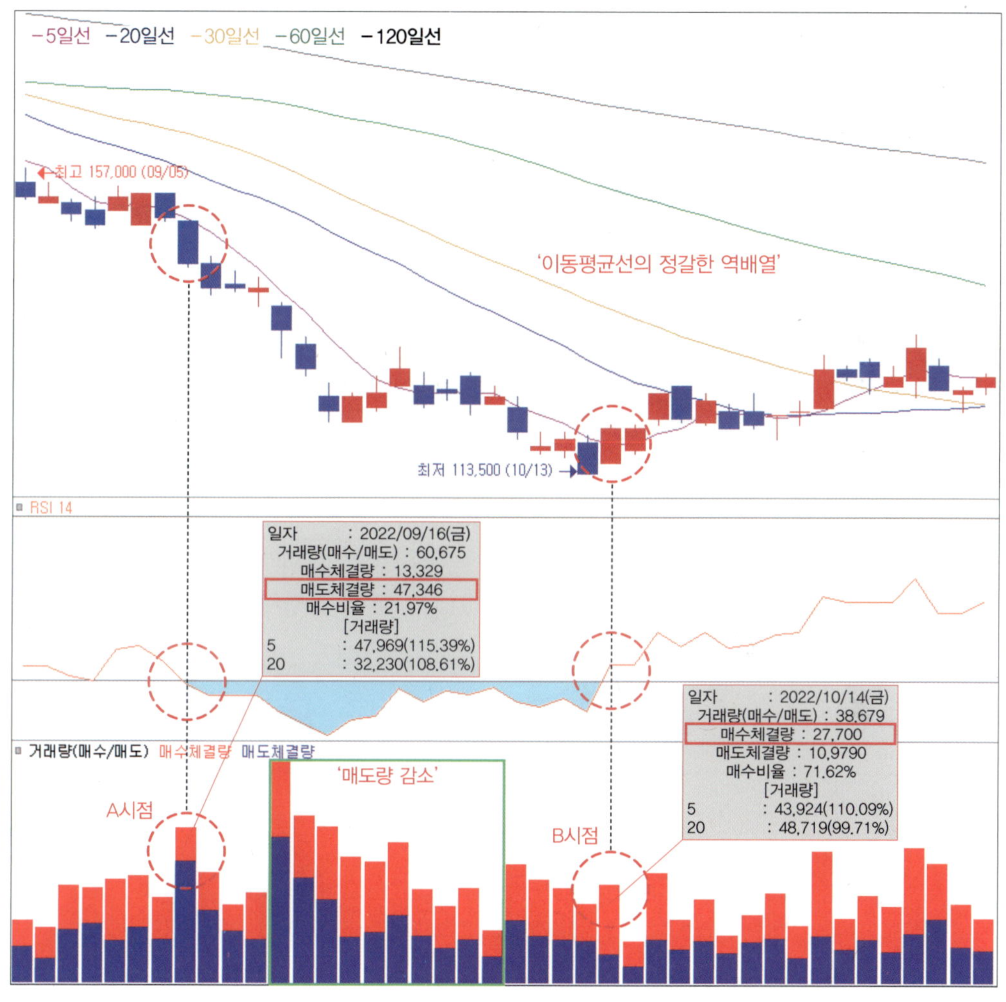

녹십자 22.09(일봉)

거래량 지표에서 A시점은 강한 매도세로 인해서 RSI 수치가 30 이하로 진입하는 시점입니다. 어떤 종목이라도 이 시점에서 매도체결량이 매수체결량보다 최소 2배 이상 많아지고 캔들 또한 장대 음봉이 많이 발생합니다. 전날까지 평온하였던 거래량이 하루 만에 과매도권에 진입하게 되는데 매도세가 더 강해지면 주가는 폭락하지만 이와 반대로 매도량이 점점 감소한다면 반등합니다. 위 종목은 과매도권이 A시점부터 B시점(**19일 동안**)까지 중간에 녹색 박스권을 보면 10일 동안 매도량이 점점 감소한 것을 볼 수 있습니다. 이후 B시점에서 강한 매수세가 발생하면서 매수체결량이 매도체결량보다 2배 이상 많아지면서 주가는 다시 반등합니다. 보다 안선하게 매수하려면 추가 하락의 리스크가 있는 A시점보다 B시점을 추천합니다.

4. RSI 표준 저점 매매법

메드팩토 22.06(일봉)

RSI 지표의 수치가 기준선 30 이하는 과매도권이라고 하고, 70 이상은 과매수권이라 합니다. 주가가 하락하면서 매도세가 점점 강해지면 결국 RSI 수치가 30 이하로 진입하는데 이 구간을 저점으로 보고 매수하고, 반대로 주가가 상승하면서 매수세가 점점 강해지면 RSI 수치가 70 이상에 진입하게 되는데 이 구간을 고점으로 보고 매도합니다.

RSI 지표의 표준 저점 매매법은 어렵지 않고 간단합니다. 주가가 RSI 지표의 과매도권 안으로 진입하면 저점인 상태로 매수하면 되고, 반대로 주가가 상승해서 과매수권에 진입할 때 매도하면 됩니다. 하지만 매매할 때 반드시 주의해야 할 점이 있습니다. 보통 주가는 저점에 진입하면 다시 반등해서 고점으로 진입하려는 습성이 있기 때문에 그 흐름만 잘 맞춰서 매매한다면 안정적인 수익을 얻을 수 있지만, 주가가 과매도권에 진입하였다고 다음날부터 무조건 상승하는 것은 아니며 오히려 주가가 더 하락하는 경우도 있습니다. 다시 말해, 14일 동안 주가의 매도세가 강하다는 것뿐이지 다음날 주가가 확실하게 상승할 거라고 장담할 수는 없습니다.

그래서 한 번에 보유금액의 전체를 투자하면 안 되고 다시 하락할 경우를 대비하여 추가 매수할 수 있는 투자금액을 반드시 남겨 놓아야 합니다. 제 경험상 RSI 지표는 역배열에서 저점 상태가 되고 반복적으로 다시 하락한다고 하여도 일정 구간 안에서 RSI 수치가 30 이하가 된 횟수가 3번 이상을 넘는 경우는 많지 않았습니다. 즉, 저점이 일정구간에서 연속적으로 3번 이상 나타날 확률은 적기 때문에 항상 보유금액의 50% 정도를 투자하는 것을 추천합니다.

1차적으로 50% 매수 후, 다시 하락하면 2차적으로 50% 매수하는 방식으로 평균단가를 낮추는 방식으로 매매하면 주가가 다시 하락할 경우를 대비하면서 추가적 손실을 예방할 수 있고, 장기적으로는 수익을 극대화할 수 있습니다.

5. RSI 당일 반등형 매매법

강원랜드 21.12(일봉)

낮은 확률이지만 RSI 30 이하로 진입한 후 최저점 당일에 반등하는 경우가 있는데, 이러한 경우 반등한 당일 종가에 매수하면 됩니다. 장대 양봉이 발생하였다는 것은 하락세가 멈추고 상승추세로 전환한다는 신호입니다. 그런데 위 차트처럼 주가가 RSI 30 이하에서 다시 반등하면서 오랫동안 5일선이 장기 이동평균선들을 골든크로스 하지 못하고 박스권 횡보가 길어지면 그만큼 매수세가 약하다는 것이기 때문에 매도포인트도 잡기 어려워 질 수 있습니다.

그러므로 RSI 지표가 RSI 기준선(50) 근처에 도달하는 그 시점을 매도포인트로 잡는 것이 가장 좋은 방법입니다. 그 이유는 매수세가 더 약해지면 RSI 기준선(50)을 제대로 돌파하지 못하고 다시 하락하는 경우도 많기 때문입니다. 저점 매매의 핵심은 안정적인 수익을 확보하는 것이기 때문에 거래량이 점점 감소하는 종목은 욕심을 버리고 적당한 선에서 매도하는 것이 가장 현명한 방법이라 할 수 있겠습니다.

6. RSI 삼중 저점형 매매법

삼영 18.07(일봉)

주가가 약 30일 내에 1~3번 정도 RSI 수치가 30 이하가 되는 경우가 있습니다. 이런 종목은 실적 부진과 악재 이슈로 인한 장기 하락일 경우가 많은데, 한두 달 사이에 저점이 3번이나 발생하였는데도 불구하고 주가가 반등하지 않는다면 이때는 매수포인트를 장기 하락을 끝내고 다시 반등하는 시점으로 보면 됩니다.

위 차트를 자세히 보겠습니다. 주가는 ①번 구간에서 RSI 30 이하 과매도권에 진입하였는데 5일선이 상승하지 못하고 하락세를 이어가다 다시 ②번 구간에 진입합니다. 이 시점에서도 역시 5일선이 상승하지 못하고 하락세를 유지하기 때문에 매수하지 않습니다. 그 이후 주가는 ③번 구간에 진입하면서 장대 음봉이 발생하는데 -11%까지 하락하였습니다. 이렇게 한두 달 동안 강한 매도세가 여러 번 나타난다면 무조건 다시 반등하는 시점까지 기다려야 합니다.

좀 더 정확하게 매수포인트를 설명하자면, 5일선이 반등하면서 20일선을 골든크로스하는 시점을 매수포인트로 보는 것이 가장 안전하면서 수익을 극대화할 수 있는 매매법입니다. ④번 구간을 보면 장대 양봉이 발생하면서 5일선이 20일과 30일선까지 한 번에 골든크로스하면서 다음날 바로 갭 상승을 하는데, 이동평균선과 동시에 RSI 지표도 과매도권을 벗어나 기준선 50을 넘는 시점이므로 완벽하게 추세가 전환되었다고 볼 수 있습니다. 하지만 주가가 상승세를 유지하다가 60일선을 넘게 되는 시점을 매도포인트로 잡고 이 시점쯤에 자유롭게 매도하면 되는데, 역배열인 상태에서 최저점이 강하게 추세 전환하면 보통 60일선까지는 무난하게 상승하기 때문입니다. 따라서 주가가 60일선에 도달하기 전에 하락하면 시간을 두고 다시 상승하는 경우가 많지만 안정적으로 매매하기 위해서 매도하는 것을 추천하는데, 반등 이후 60일선까지 도달하기 전에 다시 하락한다면 매수세가 약해진 것이기 때문입니다.

7. RSI 장기 과매도권 매매법

피제이메탈 22.09(일봉)

주가가 RSI 30 이하에 진입하게 되면 장기간 진입하였다가 반등하는 '장기 과매도권 형태'와 단기간 진입하였다가 반등하는 '단기 과매도권 형태'라는 2가지 형태로 나타나는데, 특히 저점 매매를 할 때에는 단기 과매도권보다 장기 과매도권에 더 집중해야 합니다. 위의 차트를 자세히 보면, 장기 과매도권은 이동평균선이 정갈한 역배열 상태를 이루고 있지만 단기 과매도권은 이동평균선이 반역배열 또는 5일선만 바닥에 있을 뿐 나머지 중·장기선들은 정갈한 역배열을 이루지 못했습니다. 즉, 앞장에서 수없이 설명한 것처럼 최저점은 정갈한 역배열에서만 나오기 때문에 무조건 장기 과매도권에 집중해야 합니다. 그렇다면 장기 과매도권을 만드는 대표적인 원인은 어떤 것이 있을까요? 첫 번째는 주가가 최고점에 도달하면 많은 투자자들과 세력들이 수익을 보고 매도하는 강한 매도세 때문에 크게 하락하는 경우가 있고 두 번째는 기업의 악재 이슈 및 실적 악화로 인해서 하락하는 경우가 있습니다. 위의 어느 경우가 되었든지 간에 매수포인트는 '최저가 이후 연속 양봉 캔들의 출현'으로 보면 됩니다. 즉, 양봉 캔들이 5일선 위로 상향 돌파하면서 마감하였다면 당일 장중에 매수하면 됩니다. 그 이유는 장대 양봉은 강한 매수세로 인해서 만들어진 것이기 때문에 반드시 추세 전환하며 추가 상승할 확률도 높습니다. 매도포인트는 주가가 60일선 이상 그리고 RSI 70 이상 과매수권에 진입하였을 때로, 이 시점에 매도하는 것을 추천합니다.

8. RSI 비중 50% 실전 매매법

유니온 20.05(일봉)

투자 비중 50%의 실전 매매를 해보겠습니다. 주가는 RSI 30 이하에 진입하였고 역배열상태입니다. 최저가(음봉 캔들) 1,580원에서 1차 매수로 1백만 원을 투자합니다(보유수량

633주-투자비중 50%). 매수 시 중요한 부분은 주가가 현재가에서 더 하락할 가능성이 있으므로 반드시 투자 비중은 50%를 지켜야 합니다. 만약 투자금액 100% 전액 투자 후에 추가 하락하면 그 순간부터 손실이 발생하기 때문입니다. 최저가(음봉 캔들) 매수 후 주가는 10일 동안 지속적으로 상승하였고, 11일째 되는 날 단기 5일선이 중기 20일선(생명선)을 돌파하고 상승하였습니다.

이러한 골든크로스가 발생하면 명확한 상승추세 전환으로 보면 되고 반대로 20일선을 돌파하지 못하고 다시 하락하면 바로 매도하는 것이 좋습니다. 20일선을 돌파한 5일선은 그 후에도 장기선인 30일선, 60일선, 120일선을 모두 돌파하고 지속적으로 상승하였습니다. 이동평균선마다 매도하지 않은 이유는 한 가지입니다. 바로 매일매일 캔들이 5일선 위를 타고 올라가고 있었고, 5일선 역시 상승추세가 꺾이지 않고 유지하였기 때문에 전량 매도하지 않았습니다.

결국 주가는 과매수권에 진입하였고 최고가 시점인 8,090원에 전량 매도하였습니다(수익금액 4,120,830원, 수익률 약 410%). 첫 번째 과매수권에 진입하였을 때 충분히 매도해도 되었으나, 5일선이 하락하지 않은 상태로 지속 상승할 가능성을 보여줬으므로 두 번째 과매도권인 최고점에서 매도하였습니다.

9. RSI 비중 100% 실전 매매법

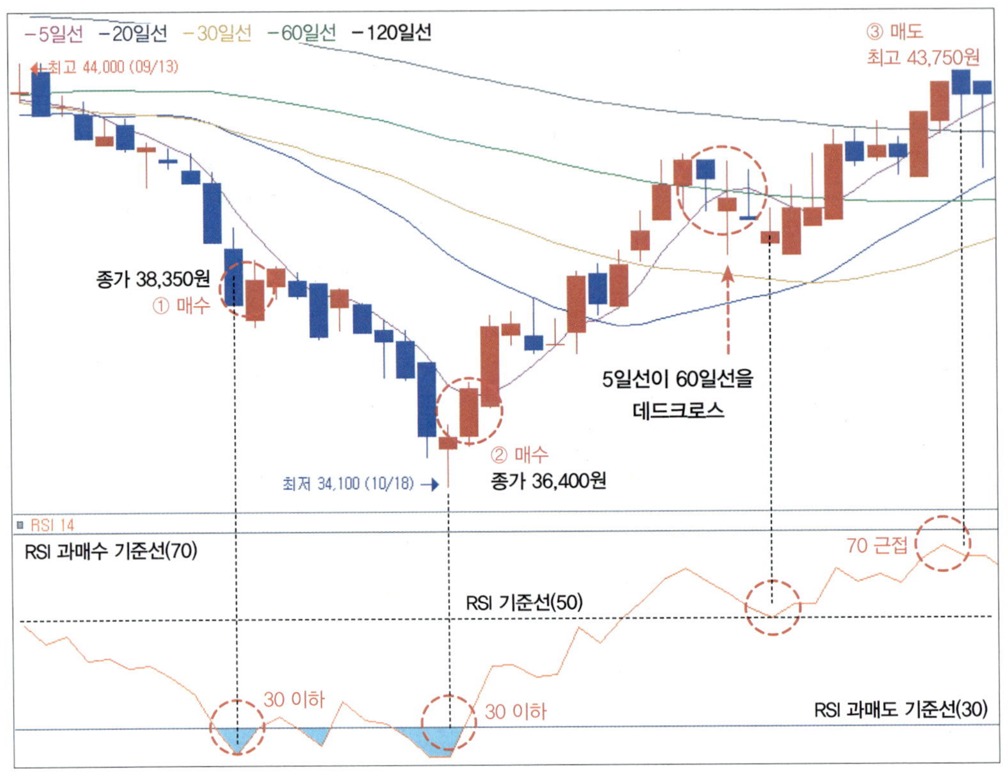

SBS 13.10(일봉)

이제 입문하는 초보자 분들 사이에서 오래된 차트의 패턴은 현재 차트와 잘 맞지 않을 거라는 고정관념이 있는데, 큰 이변이 없는 한 차트의 패턴은 언제나 반복된다는 것을 보여주기 위해서 10년 전 차트를 가져와 봤습니다. 이번에는 투자 비중 100% 실전 내매를 해보겠습니다. 주가는 ①번 시점에서 RSI 30 이하로 진입하였으며 역배열 상태입니다. 종가 38,350원에서 1차 매수하여 1백만 원을 투자합니다(**보유수량 26주, 투자 비중 50%**). 매수 후 2일 동안 장대 양봉이 발생하여 '바로 상승하겠구나.'라고 생각하였는데, 그 이후 7일 동안 주가는 계속 하락하였고 결국 RSI 30 이하에 다시 진입하였습니다. 보유 중인 투자금액은 이제 50%밖에 남지 않은 상태이며, 앞으로 주가가 어디까지 하락할지 모르는 상황입니다. 이런 경우에는 하락세가 끝날 때까지 기다리는 것이 좋은 방법인데, 이러한 신호는 바로 아래꼬리 양봉이 발생하는 시점으로 보면 됩니다. 8일째 되는 날 양봉 캔들이 장중 최저점에 도달한 후 매수세로 인해 아래꼬리를 달면서 34,100원에 마감하였습니다. 그리고 다음 날에도 이어서 장대 양봉 캔들이 발생하면서 종가 36,400원에 마감하였는데, ②번 시점을 하락세가 멈추고 다시 상승추세로 전환되는 매수포인트로 보면 됩니다. 1차 매수와 동일하게 2차 매수도 1백만 원을 투자합니다(**남은 비중 50% 투자 완료, 보유수량 53주, 평균단가 37,375원**). 매수 후 주가는 상승추세를 지속적으로 유지하다가 34,100원 최저점으로부터 14일째 되는 날 장중에 갑자기 5일선이 60일선을 데드크로스 하였으나 다시 소폭 하락세를 보입니다. 대부분의 사람들은 이 시점을 매도포인트로 보지만, 계속 보유해야 하는 이유를 설명하겠습니다.

주가는 RSI 30 이하에서 상승하여 50선을 돌파하면서 지속적으로 상승하였지만, 반대로 50선을 하향 돌파한다면 상승세가 꺾이면서 하락추세로 전환하기 때문에 매도해야 하지만 14일째 되는 날, 매도세가 50선을 하향 돌파하지 않았으므로 매도하지 않고 보유합니다. 그 후 22일째 되는 날, 주가는 최고점 43,750원에 도달하면서 RSI 70선인 과매수권 근처까지 진입하는데, 이때 편안한 마음으로 ③번 구간에서 전량 매도합니다(**수익금액 337,875원, 수익률 17%**). 이처럼 저점 매매 시 투자금액 비중을 잘 조절하면 소액으로도 수익을 극대화할 수 있습니다.

10. 저점 매매 조건검색식(HTS 키움증권 예시)

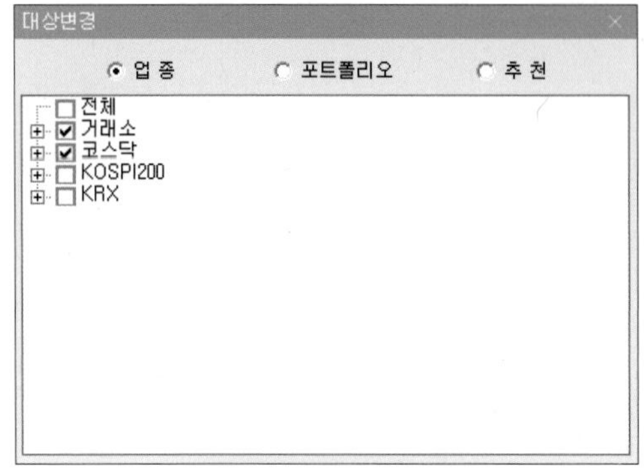

'대상변경' 설정값(1)

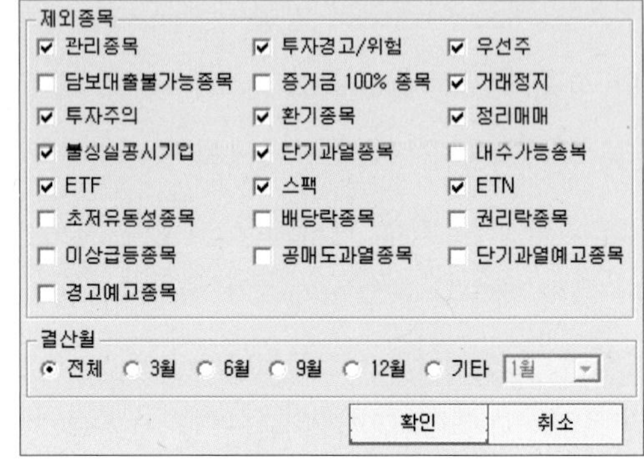

'대상변경' 설정값(2)

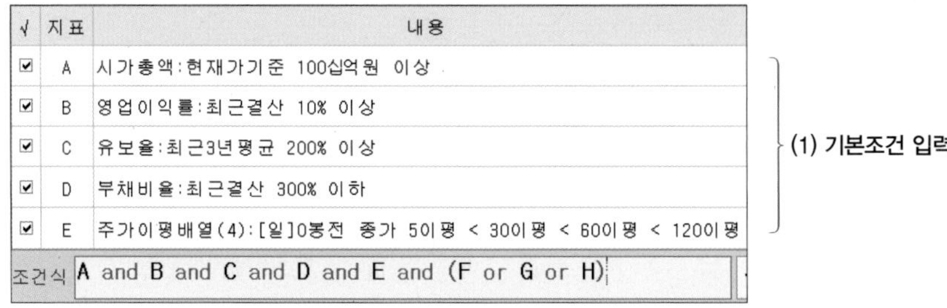

√	지표	내용
☑	A	시가총액:현재가기준 100십억원 이상
☑	B	영업이익률:최근결산 10% 이상
☑	C	유보율:최근3년평균 200% 이상
☑	D	부채비율:최근결산 300% 이하
☑	E	주가이평배열(4):[일]0봉전 종가 5이평 < 30이평 < 60이평 < 120이평

조건식 A and B and C and D and E and (F or G or H)

화면(1) RSI 지표 조건검색식

조건검색식 설정값 설명

① **시가총액** : 100십억 원 이상(시가총액이 너무 적은 기업들은 경영 리스크가 커서 제외)

② **영업이익률** : 최근결산 이력이 적자가 아닌 흑자 기업으로 선택

③ **유보율** : 회사가 보유하고 있는 현금이 자본금의 200% 조건

④ **부채비율** : 부채가 300% 이하

⑤ **주가 이동평균선의 배열** : 이동평균선들이 역배열인 상태(5일선이 가장 아래에 있음)

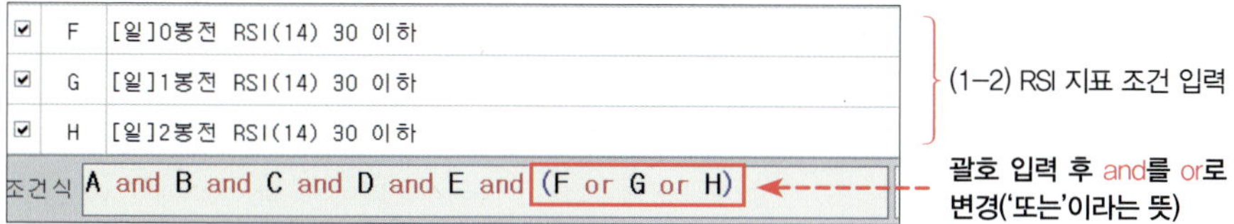

화면(1-2) RSI 지표 조건검색식

조건검색식 설정값 설명

① RSI 지표 수치를 30 이하인 경우 저점일 확률이 높기 때문에 설정

② (F or G or H) : '0봉전(당일 종가 기준), 1봉전(전일), 2봉전(전전일) 3가지 중 1가지 이상 조건이 맞으면 검색창에 종목을 표시해라.'라는 조건식입니다.

전체검색 | 검색 | 다음 | 초기화 | 실시간검색

클릭

종목명	현재가	전일대비	등락률	거래량	시가	고가	저가
한국쉘석유	225,500	0	0%	1,425	225,500	225,500	224,500
대웅	12,520	▲ 200	+1.62%	97,828	12,310	12,560	12,120
선광	21,600	▲ 450	+2.13%	63,018	20,950	21,750	20,850
에이스침대	28,450	▲ 150	+0.53%	4,017	28,500	28,650	27,850
아이에스동서	33,400	▲ 200	+0.60%	62,376	33,250	33,750	32,900
환인제약	14,690	▼ 10	-0.07%	23,556	14,700	14,700	14,600
롯데에너지머티	48,200	▲ 350	+0.73%	447,520	47,850	48,250	47,050
디씨엠	12,300	▲ 50	+0.41%	4,451	12,350	12,350	12,170
BGF	3,825	▲ 30	+0.79%	49,664	3,780	3,830	3,765
삼성카드	29,650	▲ 400	+1.37%	50,890	29,500	29,650	29,250

화면(3) RSI 지표 조건검색식 완료 후 매수 종목 선정

11. RSI & MFI 매매법

NPC 23.01(일봉)

RSI 지표의 수치가 주가로만 산출하는 것이라면 MFI(Money Flow Index) 지표는 RSI 지표의 산출 방식에서 거래량을 적용하였다고 볼 수 있습니다. 그래서 RSI 지표처럼 수치가 0~100 범위 내에서 변동하는데, 두 지표의 수치에는 차이가 있습니다. RSI는 과매수권(70 이상),과매도권(30 이하)이고, MFI는 과매수권(80 이상), 과매도권(20 이하)입니다. 특히 과매도권에서 최저점 매수포인트를 찾을 때 두 개 지표를 결합해서 사용한다면 상당히 높은 정확도로 저점 매매를 할 수 있습니다. A시점에서 RSI 수치는 30 이하지만 MFI 수치는 20 이상이기 때문에 매수하지 않습니다. RSI 지표 하나만 활용한다면 A시점을 저점으로 볼 수 있겠지만, MFI 지표를 활용한다면 RSI 지표의 부족한 부분인 거래량까지 보완하여 보다 더 정확히 저점을 파악할 수 있으므로 MFI 지표도 과매도권에 진입했을 때를 매수포인트로 보아야 합니다. B시점을 보면 두 지표 모두 과매도권에 진입하였는데, 이 시점은 매도체결량이 매수체결량보다 2배 이상 많다는 것을 나타냅니다. 그래서 최저점일 확률이 상당히 높기 때문에 매수포인트로 볼 수 있습니다. 차트를 보면 주가는 최저가 이후 43일 동안 약 30% 이상 상승한 것과 동시에 이동평균선이 역배열에서 정배열로 전환한 것까지 볼 수가 있으며, 이 시점이 바로 매도포인트가 됩니다. 하지만 43일이라는 기간은 일반 투자자에게는 많은 인내를 필요로 하고 부담이 될 수 있으므로 5일선이 60일선을 골든크로스 하는 시점에서 중간 매도하는 것을 추천합니다.

12. RSI+ADX 저점 매매법

동방 22.12(일봉)

ADX 지표는 주가의 현재 추세의 방향 및 강도를 예측할 수 있는 지표입니다. ADX선이 상승하면 추세가 더 강해진다는 의미이고, 반대로 선이 하락하면 추세가 약해진다는 의미입니다. 따라서 주가가 상승하거나 하락할 때 ADX선도 같이 상승하면 나아가는 방향의 강도가 강하기 때문에 한동안 추세를 유지한다는 의미입니다. 추세 강도의 기준이 되는 수치는 20~30 정도인데, ADX선이 20~30 정도를 넘었을 때 확실하게 주가의 방향이 어떻게 나아갈지 정해진다고 보면 됩니다. 참고로 ADX 지표는 단독적으로 사용하는 것보다 다른 지표와 함께 사용하면 더 정확성을 높일 수 있습니다. 그중에서 RSI 지표와 ADX선은 궁합이 참 좋다고 생각하는데, 그 이유는 RSI 지표가 주가의 매도세를 수치로 표시하고 그 수치를 기준으로 ADX선의 움직임을 적용하면 매도세의 강도를 알 수 있기 때문입니다. 위 차트로 저점 매매를 한다면 가장 먼저 체크해야 될 조건은 이동평균선의 정갈한 역배열 상태입니다.

여러 번 설명한 것처럼 정갈한 역배열은 강한 매도세로 인해서 최저점이 발생되기에 아주 좋은 조건입니다. A매수 시점을 보면 RSI 지표 역시 과매도권 30 이하에 진입한 상태이므로 주가는 저점일 확률이 높습니다. 하지만 ADX선은 아직 강하게 상승하지 않았는데 이것은 강한 매도세가 점점 줄어들면서 주가가 조정받고 있는 구간으로 볼 수 있습니다. 조정이 끝나고 5일선이 상승하면서 20일선을 골든크로스 하는데 이 시점을 보면 ADX선도 함께 상승하기 시작합니다. 이 시점이 추세 전환의 신호이며 ADX 약세 기준선(20)을 넘어서기 시작합니다.

ADX 약세 기준선(20)을 조정해서 ADX(30)을 사용하는 것을 추천하는데, 기준선을 좀 더 높게 잡아서 주가가 확실하게 추세 전환하는 것을 확인하고 매수하기 위해서입니다. 매수포인트는 A매수 시점도 좋지만 보다 안전하게 매수포인트를 잡고 싶다면 5일선과 20일이 골든크로스 하면서 ADX선이 상승하기 시작하는 A추세 전환 시점을 추천합니다. 매도포인트는 RSI 수치가 기준선(50)을 넘어서 과매수권까지 도달하게 되는데 보통 단기 매도선은 주가가 소폭 반등하다 다시 하락할 가능성이 있기 때문에 RSI 기준선(50)으로 보고, 장기 매도선으로는 과매수권인 기준선(70) 이상으로 봅니다.

위 차트는 A추세 전환 시점인 RSI 기준선(50) 부근에서 매수를 하였기 때문에 매도 시점은 과매수권인 기준선(70) 이상에서 다시 하락 추세로 전환되는 B추세 전환 시점으로 보면 됩니다.

13. 저점을 재확인하는 RSI+Sonar Momentum 매매법

아톤 23.01(일봉)

최저점 구간에서 매수포인트를 확실하게 알아보기 위해서 Sonar Momentum 지표를 활용하는 방법이 있습니다. 이 지표 또한 추세를 예측하기 위해서 만들어진 지표이며, 정확한 추세 전환 시점을 잡아준다는 장점이 있습니다. 지표의 정교함을 높이기 위해서 기본값 Period(20)을 Period(14)로 변경하는 것을 추천합니다. ①번 매수(**최고 강세 단계**)에서 매수를 진행하여도 크게 문제없지만 보다 더 안정적이고 확실한 최저점 포인트를 원한다면 Sonar(14)선이 시그널(9)의 선을 돌파하면서 추세 전환 신호를 주는 시점에서 매수하는 것을 추천합니다. 이유는 RSI 지표가 과매도권에 진입 후에 어느 정도 매도세가 줄어들면서 양봉 캔들이 발생하는데, 이때 Sonar선이 시그널선을 돌파하면 확실한 추세 전환으로 확정할 수 있기 때문입니다. 항상 최저점 구간에서 Sonar 지표는 RSI 지표보다 한 박자 늦게 만들어지기 때문에 RSI의 반등 신호를 한 번 더 검토해주는 역할로 활용하면 저점 매매를 할 때 큰 도움이 됩니다.

14. RSI+이격도 저점 매매법

아이오케이 20.03(일봉)

이격도는 주가와 이동평균선 간의 편차 정도를 백분율로 표시하는 지표입니다. 주가는 이동평균선과 멀어지면 다시 가까워지려고 하고, 가까워지면 다시 멀어지려는 습성이 있는데, 이것을 활용하여 멀어지면 매도포인트로, 가까워지면 매수포인트로 봅니다. 이격도 설정은 20일선, 60일선만 표시하고 이격도 수치는 20일선 기준으로 '50~90선' 사이를 매수 시점, '105~150선' 사이를 매도 시점으로 봅니다.

위 차트처럼 20일선과 60일선의 이격도가 서로 근접하게 붙어 있는 상태이면서 동시에 RSI 수치가 30 이하로 진입하면 최저점으로 판단하고, 이 시점을 매수포인트로 볼 수 있습니다. 매도는 이격도를 기준으로 하지 않고 RSI를 기준으로 하는데 RSI 수치가 과매수권인 70 이상일 때 매도하면 되고, 주식장이 안 좋을 때는 50선 근처에서 매도하는 것을 추천합니다. 항상 안정적인 투자를 위해서 투자금액의 비중은 50%를 넘지 않는 것이 좋습니다. 참고로 이격도는 변동성이 안정적인(우량주 또는 대형주)종목에 활용하면 정확도가 더 높습니다.

CHAPTER 13

주봉에서 최저점을 가장 정교하게 잡아주는 RSI & TSF 매매법

(1) 주봉 RSI 매매법

아모레퍼시픽 22.11(주봉)

지난 챕터(12)에서 설명드렸던 RSI(일봉) 매매법과 다르게 이번 챕터에서는 주봉 차트 매매법을 설명드리겠습니다. 주봉은 1개의 캔들이 1주(5일)를 뜻하고 이동평균선 또한 주 단위로 산출됩니다. 예를 들어서 5일 이동평균선은 5주 간의 종가 평균값을 나타낸 것이고 20일 이동평균선은 20주간으로 산출이 된 것입니다. 그 외에 30일, 60일, 120일선들도 마찬가지입니다. 위 차트 A시점을 보면 주가는 전고점에서 26주 만에 최저점에 도달하였고 이동평균선들도 "정갈한 역배열"이 완성되면서 RSI 지표도 역시 과매도권(빨간색 화살표 신호-RSI 30 이하)에 진입하였습니다. 지난 챕터에서 여러 번 설명드렸던 최저점 조건에 모두 충족되기에 A시점(주봉)을 매수포인트로 봅니다. 꼭 최저가에 정확하게 기계처럼 매수할 순 없어도 장중에 음봉 캔들 안에서 매수하였다면 성공한 것이라고 보면 됩니다.

다음은 최저점(A시점-주봉) 매수 후 주가의 흐름을 체크해 가면서 적합한 매도포인트를 예측해야 하는데 그 포인트를 크게 3가지로 요약할 수 있습니다. 첫 번째는 매수한 다음 주에 반드시 양봉 캔들이 발생해야만 됩니다. 두 번째는 주가가 반등하면서 5일선이 아직 20일선을 골든크로스 하지 못했지만 양봉 캔들이 주봉 종가로 20일선을 돌파한 상태 또는 5일선이 20일선을 완벽하게 골든크로스 한 시점입니다. 세 번째는 5일선이 60일선을 골든크로스하는 시점입니다. 언급한 3가지 포인트를 좀 더 자세하게 짚어 보겠습니다.

첫 번째, 저점 매수한 다음 주에 발생하는 캔들이 가장 중요한 이유는 지속되었던 하락세를 멈추게 하는 양봉 캔들이 반드시 발생되어야 추세 전환이 되기 때문입니다. 위 차트에서 A시점 그 다음 주처럼 긴 장대 양봉 캔들이 발생하였다면 강한 매수세로 인한 추세 전환이 더 확실해 진다고 볼 수 있습니다. 그 다음 주에 B시점(22/11/7일)에서 긴 장대 양봉 캔들이 한 개 더 발생하면서 4주 동안 연속적으로 양봉 캔들이 3개나 발생되었고, 5일선이 20일선을 골든크로스 하게 되는데 이 시점은 주가가 강한 상승세를 멈추지 않고 이어가겠다는 의미이기도 합니다. 그래서 매도포인트로 보지 않고, 반대로 보유 비중을 좀 더 늘릴 수 있는 추가 매수의 기회로 보는 것을 추천드립니다. 주가가 본격적으로 상승하기 시작한 B시점(22/11/7일)의 양봉 캔들이 주 단위로 되어있어서 매수포인트 잡기가 어렵다면 일봉차트에서 매수하면 되는데 주가가 RSI 30 이하 과매도권을 막 벗어나고 양봉 캔들이 강하게 들어오는 시점을 매수포인트로 보면 됩니다. 다음 일봉 차트를 보면서 매수법을 자세하게 설명하겠습니다.

(2) 일봉 RSI 매수법

아모레퍼시픽 22.11(일봉)

위 차트는 22/11/7일자 주봉 차트를 더 세부적으로 볼 수 있는 일봉 차트입니다. 빨간 별표를 표시한 기간을 보면 주가가 최저점(22/10/28일–RSI 30 이하)에서 막 벗어나는 시점이고 22/11/1~7일(**주말 5,6일 제외**)까지 5일 동안 발생한 캔들 5개를 볼 수가 있습니다. 그중에 22/11/1일자 윗꼬리 양봉 캔들 1개가 정말 중요한 매수포인트인데 되도록이면 양봉 캔들이 5일 이동평균선을 완벽하게 올라타고 장중 최저가 또는 시가 아래 구간에서 매수하는 것을 추천드립니다. 이유는 주가가 최저점에서 다시 상승 추세로 전환을 시작할 때에는 반드시 양봉 캔들이 5일 이동평균선 위로 올라타야 하는데 그 양봉 캔들이 바로 22/11/1일자에 발생되었기 때문입니다. 물론 그 이후 6~13%까지 상승한 22/11/2일, 4일 장대양봉 캔들도 중요한 캔들이지만 추세 전환 이후에 발생한 캔들이라서 가치로 보자면 추세 전환을 하느냐 마느냐를 결정하는 기로에서 발생한 22/11/1일자 양봉 캔들이 더 큰 가치가 있다고 봅니다. 만약, 반대로 최저점(22/10/28일) 이후 양봉 캔들이 발생했지만 5일선을 올라타지 못했다면 매수하지 않는 것이 좋습니다. 이유는 저점에서 주가를 상승시킬 수 있는 매수세가 약해서 추가 하락 가능성이 있기 때문입니다.

두 번째는 주가가 반등하면서 5일선이 아직 20일선을 골든크로스 하지 못했지만 양봉 캔들이 주봉 종가로 20일선을 돌파한 상태 또는 5일선이 20일선을 완벽하게 골든크로스 한 시점입니다. 위 주봉 RSI 매매법 차트를 보면 B시점(22/11/7일–주봉)에서 발생한 긴 장대 양봉 캔들이 종가로 20일선을 돌파한 상태이므로 매도포인트로 볼 수 있는데 5일선이 아직 꺾이지 않았고 장중에 최고가 11.87%의 강한 매수세가 발생했기 때문에 지속적 상승세가 예상되므로 매도하지 않습니다.

2주 후 예상과 같이 5일선이 지속적으로 상승하면서 20일선을 완벽하게 골든크로스를 했는데 이 시점 역시 매도하지 않습니다. 이유는 생명선이라고 불리는 20일선을 골든크로스했다는 것은 강한 저항선을 돌파한 동시에 앞으로 지속적으로 주가를 올리겠다는 의지가 있기 때문입니다. 만약 상승하지 못하고 5일선이 다시 20일선을 데드크로스 한다면 일시적인 하락 또는 본격적인 재하락을 시작하거나 둘 중에 하나이므로 매도하는 것을 추천드립니다.

세 번째는 5일선이 60일선을 골든크로스 하는 시점입니다. 일봉 RSI 매매법에서도 언급했듯이 주가가 RSI 30 이하에 진입한 후에 강한 매수세로 인해서 추세 전환이 시작되면서 이동평균선 20일선, 30일선을 골든크로스 했다면 그 시점에서 보통 60일까지는 도달하게 되는데 이 시점을 매도포인트로 봅니다. 60일선을 매도포인트로 보는 이유는 이동평균선의 골든크로스 시점마다 그 여부에 따라서 매수 · 매도를 결정하면 되는데 60일전 이동평균선들이 골든크로스가 발생했다면 목표가를 60일까지 설정해도 되고, 장기적으로는 120일까지 설정해도 되지만 120일선까지 도달하는 경우는 많지 않기 때문에 안정적으로 60일선 매도를 추천드립니다.

(3) 주봉에서 가짜 반등에 대응하는 RSI & TSF 매매법

이번에는 일봉과 다르게 주봉에서 가짜 반등에 대응하는 매매법을 설명드리겠습니다.

지난 장에서 일봉차트로 수차례 설명드렸던 최저점의 조건을 주봉에서도 똑같이 체크해보겠습니다. A시점을 보면 이동평균선이 120일선을 제외하고 나머지 선들은 "역배열" 상태입니다. 그리고 강한 매도세로 인해서 음봉 캔들이 발생하였고 RSI 지표가 30 이하 과매도권에 진입하였으므로 최저점의 조건은 모두 충족되었습니다. 이제 A시점이 최저점이라고 생각해서 매수만 하면 되는데 혹시나 재하락 가능성이 있는지 주가의 방향성을 알려주는 추세 지표 하나를 추가해 보겠습니다. 바로 TSF라는 지표인데 추세 방향을 거의 완벽하게 알 수 있는 지표입니다. 이번 장에서는 간단한 매매법을 알아보고 보다 자세한 개념과 활용방법은 뒤에 챕터 '최저점 타이밍을 정확하게 잡아주는 TSF&이동평균선'에서 설명하겠습니다. TSF선의 설정값은 period(19)로 하면 됩니다. 다시 A시점을 보면 5일선과 TSF선이 동시에 하향하고 있는데 이런 경우 매수를 하지 않습니다. 이유는 TSF선이 상승 추세로 전환을 하지 않으면 주가는 추가 하락을 하기 때문입니다. A시점 이후 2주 동안 양봉 캔들이 발생하면서 B시점에 도달하였지만 5일선은 반등을 하는 반면에 TSF선은 여전히 반등하지 않습니다. 그래서 그 후로 주가는 재하락을 하였고 결국 다시 최저점에 도달하게 됩니다. 만약 TSF선의 추세를 체크하지 않고 A시점이나 B시점에서 매수를 했다면 많은 손실을 피할 수 없었을 것입니다. 물론 그렇지 않은 경우가 더 많기는 하지만 확실한 투자를 위해서라면 추세선까지 확인하고 매수하는 것을 추천드립니다. 주가는 최저점(9/26일) 이후 다시 반등을 시작하는데 C시점에서 강력한 매수세로 인해 아래꼬리 양봉 캔들이 발생하면서 5일선과 TSF선이 동시에 상승하였고 명확한 추세 전환을 확인할 수 있습니다. 바로 이 시점이 매수포인트가 됩니다.

C시점에서 매수를 하였다면 앞으로 주가의 추세를 체크해 보면서 매도포인트를 결정해야 하는데 1차 매도 30일선, 2차 매도 60일선으로 보면 됩니다. 즉, 주가가 강한 상승세를 유지하다 5일선과 TSF선이 동시에 30일선을 골든크로스 하면 분할 매도로 보유량의 50%를 매도하고, 계속 상승하면서 60일선까지 골든크로스 한다면 남은 잔량 50%를 모두 매도합니다. 이렇게 분할 매도를 하는 이유는 30일선과 60일선 사이에서 재하락하는 경우가 많기 때문입니다. 이처럼 주봉 매매도 일봉 매매처럼 저점 매매법이 매우 흡사하기 때문에 절대 어렵게 생각하지 마시고 부단한 노력으로 연습만 많이 한다면 실전에서는 반드시 수익을 낼 수가 있습니다.

CHAPTER 14

최저점 캔들 하나까지 잡아주는 DMI(-DI)지표

(1) DMI(Directional Movement Index)지표의 개념

선익시스템 22.10(일봉)

DMI 지표는 ADX선을 제외하고 +DI, -DI 이렇게 2개 지표로 구성되어 있습니다. 저점 매매를 할 때에는 -DI만 사용하는 것을 추천하는데, 매수세를 뜻하는 +DI보다 매도세를 뜻하는 -DI가 저점 매매에 적합하기 때문입니다. DMI 지표는 주가의 방향성과 추세의 강도를 수치화한 지표이며, 주가가 상승추세인지 하락추세인지 횡보추세인지 판단하는 데 사용합니다.

DMI 지표를 활용하여 매매할 때는 다른 지표들과 반대로 읽으면 되는데, 지표선이 올라가면 저점으로 보고 내려가면 고점으로 보면 됩니다. 예를 들어 -DI 수치가 30 이상으로 진입한다면 그 시점을 저점으로 볼 수 있고, 반대로 -DI 수치가 10 이하로 진입한다면 고점이라고 볼 수 있습니다. 즉, -DI 수치가 30 이상일 때 매수하고 -DI 수치가 10 이하일 때 매도하는 매매법으로 접근하면 되겠습니다. 현재 주가가 고점인지 저점인지를 파악하는 데 한눈에 알아볼 수 있기 때문에 유용하게 사용할 수 있는 지표입니다.

(2) DMI(-DI) 저점 표준 매매법

삼영 20.03(일봉)

주가의 저점을 확인하는 지표로 RSI, CCI, 볼린저밴드, 엔벨로프 지표 등이 있지만, 수치 분석을 하지 않고 한눈에 저점을 확인할 수 있는 지표는 바로 DMI 지표입니다. 앞 장에서 설명한 것처럼 +DI선은 상승추세의 강도를 알려주는 선이고, −DI선은 하락추세의 강도를 알려주는 선입니다. 2개의 선 중에서 저점 매매에 필요한 선은 −DI선이고 산출하는 기간은 기본값인 14일로 설정합니다. −DI선을 좀 더 쉽게 설명하자면 주가의 매도세가 점점 강해져서 ①번 매수 시점처럼 과매도 기준선(30)에 진입하는 이 시점을 주가의 저점 상태로 봅니다(**다른 지표와 다르게 선을 반대로 보는 것이 핵심입니다**). 반대로 매수세가 강해져서 과매수 기준선(10) 이하에 진입하면 주가를 고점 상태로 봅니다. 그런데 단순하게 −DI 수치가(30)일 때 매수하고 (10)일 때 매도하면 추가 하락 시 매수포인트를 잡지 못하고 손실이 발생하는 경우가 있습니다. 그래서 안전하게 매매하기 위해서는 ①번 매수 시점처럼 정확하게 −DI 수치가 과매도 기준선(30)에 진입한 후 다시 하향하다가 하락이 끝나고 양봉 캔들이 발생할 때를 매수포인트로 봅니다. 반대로 매도포인트는 매수 후 주가가 상승하여 ②번 매도 시점처럼 과매수 기준선(10)에 진입 후에 다시 꺾이는 시점에서 상승세가 끝나고 음봉 캔들이 발생하면 매도 시점으로 봅니다. 이처럼 −DI 지표는 단순하게 보이지만 정교한 면이 있어서 매매 포인트만 잘 잡아서 활용한다면 저점 매매 시 큰 도움이 됩니다.

(3) DMI(−DI)+RSI 저점 매매법

SK.22.12(일봉)

−DI 지표와 RSI 지표는 추세의 방향을 예측하고 그 강도를 측정하는 데 있어 가장 신뢰도가 높은 지표라고 말할 수 있습니다. 두 지표 모두 같은 방향을 가리킨다면 객관적인 신뢰도가 더 높아지기 때문에 두 지표의 결합은 저점 매매 시 상당한 정확성을 보여줍니다(**저자는 −DI 지표의 정확성을 더 높이기 위해서 과매도권 수치를 40 이상으로 설정합니다**). 이 매매의 핵심은 A~C시점처럼 두 지표의 거리가 가까우면 가까울수록 최저점일 확률이 상당히 높고 최저가를 만든 캔들 하나까지 정교하게 매수할 수 있다는 것입니다. A~C시점

에서 매수하였다면 그 이후 주가는 약속이라도 한 듯 반등하면서 60일선을 돌파하면서 중 · 단기 고점을 만듭니다.

이러한 매매법의 주의할 점은 RSI 지표는 과매도권에 진입하였는데 -DI 지표는 진입하지 않은 상태라면 매수하지 않는 것이 좋습니다. 재하락의 리스크가 있기에 좀 더 기다렸다가 두 지표가 과매도권에 진입하였을 시에 매수하는 것을 추천합니다.

(4) DMI(-DI)+MACD 저점 매매법

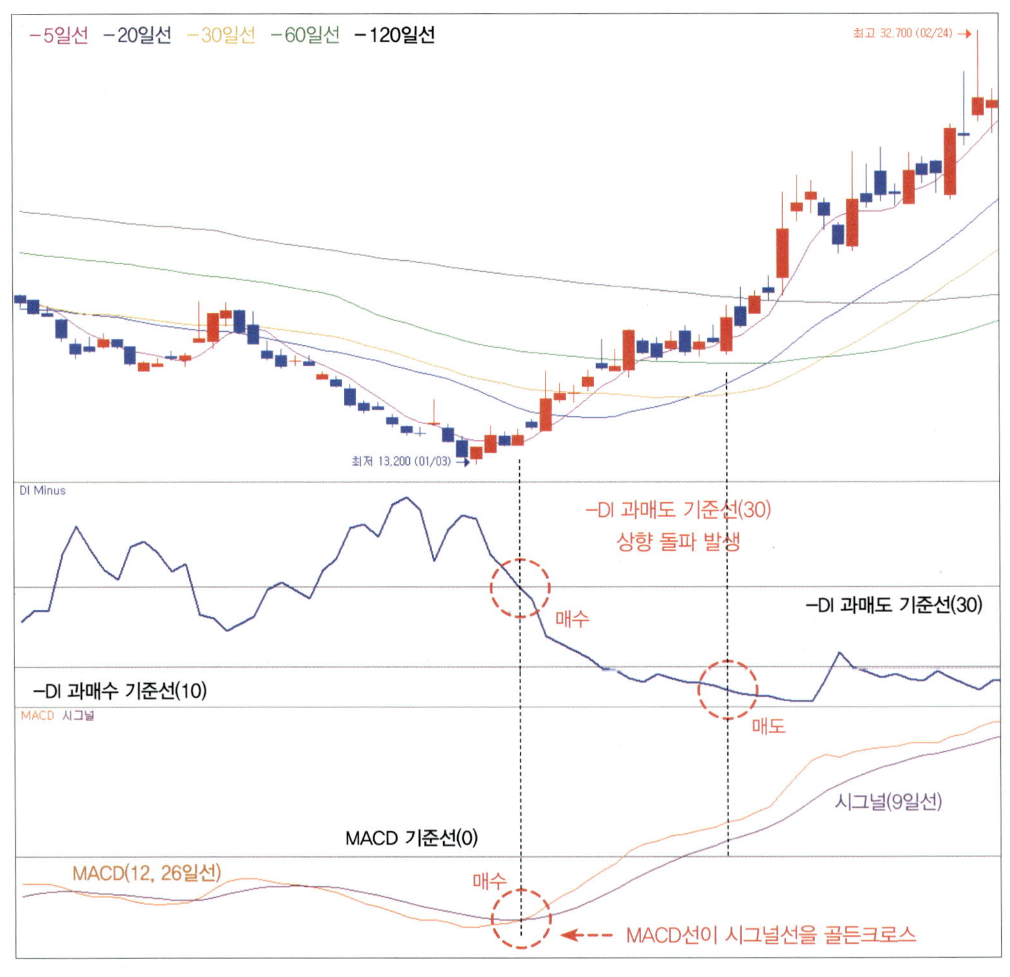

가온칩스 23.01(일봉)

MACD 지표는 주가의 단기 이동평균선과 장기 이동평균선들이 서로 가까워지는 현상과 멀어지는 현상을 이용하여 매매할 수 있는 지표입니다. 기본 수치는 MACD(12, 26) 시그널(9)로 만들어졌습니다. ① MACD : 12(12일 단기 이동평균선), 26(26일 장기 이동평균선), ② 시그널 : 9(9일 이동평균선) 기준선이 '0'을 중심으로 MACD곡선이 위쪽으로 돌파하면 상승추세, 아래쪽으로 돌파하면 하락추세로 봅니다. 차트를 보면 이동평균선은 정갈한 역배열 상태이고, MACD선이 시그널선을 골든크로스 하면서 동시에 −DI 수치도 30 이상 상향 돌파합니다. 이 시점에서 추세 전환이 시작되면서 좋은 매수포인트로 볼 수 있습니다. 이동평균선, −DI, MACD 3가지 조건을 모두 보았을 때 명확한 저점이라고 볼 수 있습니다. 매도포인트는 5일선이 지속적으로 상승하면서 30~60일선을 골든크로스하고, −DI 수치가 10 이상 진입하였을 때를 매도 시점으로 봅니다. MACD선을 참고해도 되지만 주가 등락에 대한 반응이 MACD보다는 −DI가 훨씬 빠르기 때문에 매도포인트는 −DI를 기준으로 봅니다.

CHAPTER 15

주가의 비율로 저점의 위치를 찾는 엔벨로프 지표

(1) 엔벨로프 지표의 개념

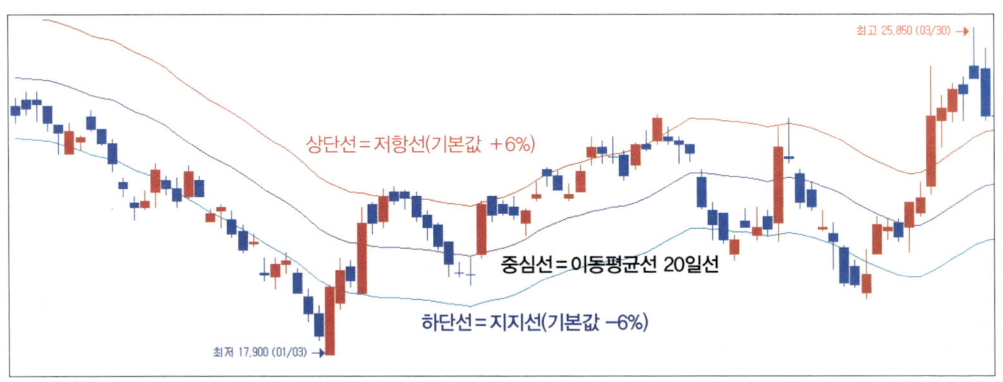

대덕전자 23.01(일봉)

엔벨로프는 '봉투'라는 뜻인데 주가가 엔벨로프의 상단선과 하단선 지표 안에서만 움직이는 보조지표입니다. 지표를 보는 방법은 의외로 간단하고 쉽습니다. 지표의 구성요소는 3가지인데 중심선, 상단선, 하단선 이렇게 3개로 표시되어 있습니다. 중심선은 보통 이동평균선 20일을 많이 설정하고 중심선을 중심으로 위에 있는 상단선은 주가가 고점일 때 저항선이 되며, 아래에 있는 하단선은 저점일 때 지지선이 됩니다. 특히 하단선은 저점 매매에서 중요한 매수포인트 역할을 합니다.

(2) 엔벨로프 지표의 수치

지표의 기본값은 중심선 20일선을 기준으로 +6% 위에 상단선이 있으며, 반대로 -6% 아래에 하단선이 있습니다(**① 중심선 : 이동평균선 20일선, ② 상단선 : 중심선을 기준으로 +6%, ③ 하단선 : 중심선을 기준으로 -6%**). 매매할 때, 주가의 등락폭이 큰 종목은 상단선과 하단선의 범위를 넓게 잡고, 반대로 등락폭이 적은 종목은 범위를 좁게 잡습니다.

(3) 엔벨로프 12% 저점 매매법

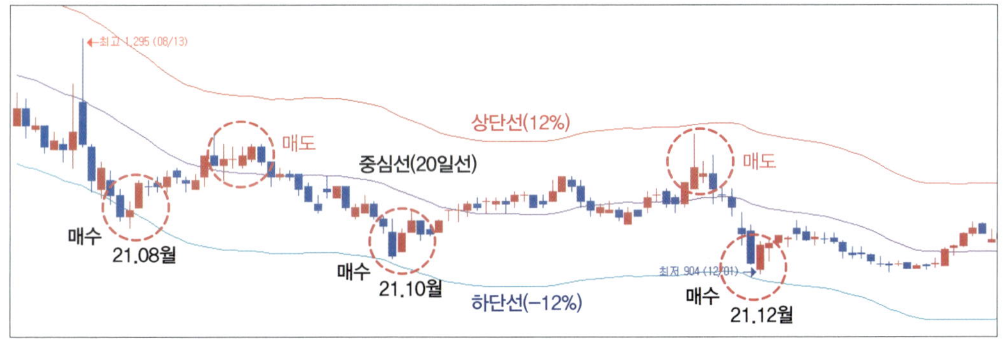

DB 21.8~12(일봉)

저자가 가장 많이 사용하는 엔벨로프 수치 12%를 적용한 결과입니다. 이 수치는 우량주에 사용하면 가장 정확합니다. 단, 12%는 많은 종목이 맞기는 하지만 안 맞는 종목은 그 종목에 맞게 수치를 조절해서 설정을 해줘야 됩니다. 이러한 번거로움이 엔벨로프 지표의 단점이기도 합니다. 위 차트를 보면 총 3회에 걸쳐 매수한 것을 볼 수 있습니다. 매도의 원칙은 상단선 근처에서 매도하는 것이 좋으나, 위 차트처럼 주가가 하락추세에 진입하면 하단선에서 매수 후 중심선 근처에 있거나 중심선을 넘었을 때 매도하는 것이 좋습니다.

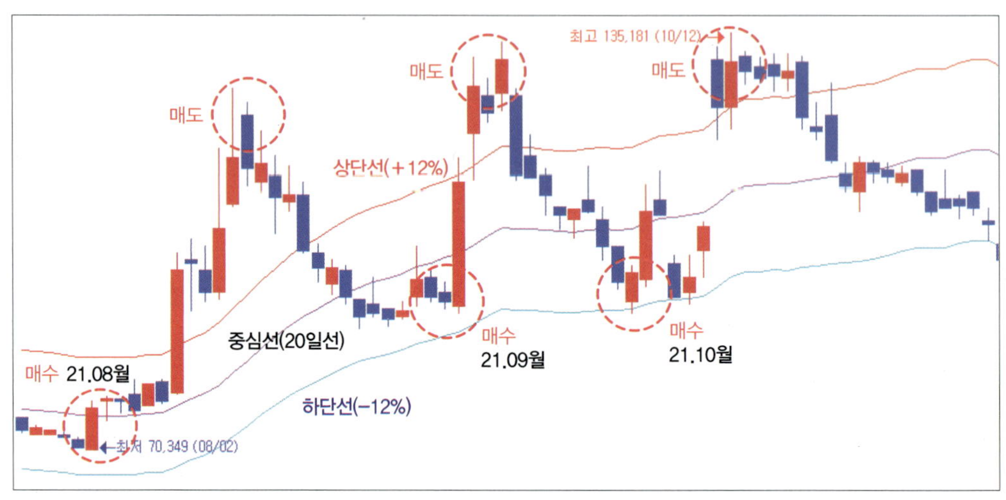

SK케미칼우 21.8~10(일봉)

위 차트는 전 종목과 다르게 주가의 추세가 우상향하고 있는 종목입니다. 우상향일 때 매수포인트는 보통 중심선과 하단선 사이에서 많이 발생하며, 그 시점에서 상승하면 중심선을 지나 상단선까지 상향 돌파하는 경우가 많습니다. 물론 주가가 중간에 다시 하락하는 경우도 있기 때문에 변수에 대응하기 위해서는 상단선 근처에 도달하면 안전하게 매도하는 것을 추천합니다.

(4) 엔벨로프+RSI저점 매매법

피에스텍 22.12(일봉)

이번에는 RSI 지표와 엔벨로프 지표를 복합적으로 활용하여 저점 매매를 해보겠습니다. 두 지표는 저점에서 궁합이 좋기 때문에 저자가 지금도 사용하고 있는 매매법 중 하나입니다. 조건검색식(HTS)를 뒷장에 공개해 놓았으니, 이를 통해 저점 매매하는 데 많은 도움이 되었으면 좋겠습니다. 위 차트 ①번 구간을 보면 주가는 엔벨로프 하단선 아래에 있는 상태이고 RSI 또한 30 이하 상태인데, 바로 이 시점을 저점이자 매수포인트로 볼 수 있습니다. 주가는 엔벨로프 하단선 이하로 벗어나면 다시 안으로 들어오려는 습성이 있기 때문에 2개의 지표가 모두 '저점' 상태일 때 매수합니다. 만약, ①번 구간에서 주가가 더 하락할 것 같아서 불안하다면 보다 안정적인 방법으로 RSI 지표가 저점에 도달하고 다시 반등하여 과매도 기준선(30)을 돌파하는 시점에서 매수하면 됩니다(**②번 구간인 안정적 매수**). 저점에서 주가가 추세 전환 후 상승하면서 RSI 기준선(50)을 넘는다면 고점인 70선까지 가는 경우가 많고 엔벨로프 역시 상단선 이상 도달하는 경우가 많습니다. 매도포인트는 엔벨로프 지표로 하지 않고, RSI 지표가 과매수 70선을 넘은 고점인 상태에서 다시 70선을 하향돌파하고 하락하는 시점으로 봅니다(③번 **구간에서 매도**). 주가가 아직 엔벨로프 상단에 위치해 있으나 RSI 지표는 이미 하락 포지션을 잡고 있어서 민감도 부분에서는 RSI 지표가 빠르다고 볼 수 있습니다. 그래서 매도포인트는 RSI 지표로 보는 것이 좋습니다.

(5) 저점 매매 조건검색식(HTS 키움증권 예시)

√	지표	내용
☑	A	시가총액:<현재가기준> 100십억 원 이상
☑	B	부채비율:최근결산 200% 이하
☑	C	유보율:최근결산 300% 이상
☑	D	[일]0봉전 RSI(14) 30 이하
☑	E	[일]0봉전 Envelope(20,12) 시가가 Envelope 하한선 하향돌파
☑	F	[일]0봉전 Envelope(20,12) 저가가 Envelope 하한선 하향돌파
☑	G	[일]0봉전 Envelope(20,12) 종가가 Envelope 하한선 하향돌파
조건식		A and B and C and D and (E or F or G) 괄호 입력 후 and를 or로 변경

화면(1) 엔벨로프+RSI 저점 조건검색식

조건검색식 설정값 설명

① **시가총액** : 100십억 원 이상(시가총액이 적은 기업들이 상폐 및 경영 리스크가 커서 예방 차원 조건)
② **부채비율** : 부채가 200% 이하 조건
③ **유보율** : 회사가 보유하고 있는 현금이 자본금의 300% 이상 조건
④ **RSI 지표 수치** : RSI 지표가 30 이하면 과매도권이고 저점에 가깝기 때문에 조건 설정
⑤ **엔벨로프 지표** : RSI 지표가 30 이하 상태에서 엔벨로프 지표가(20,12) 하단선 하향 돌파 조건
⑥ **(E or F or G)** : 0봉전 시가에서 엔벨로프 하단선 하향 돌파, 저가에서 하단선 하향 돌파, 종가가 하단선 하향 돌파 3개 중에 1개라도 해당하면 검색창에 종목을 표시하는 조건식

전체검색 | 검색 (클릭) | 다음 | 초기화 | 실시간검색

종목명	현재가	전일대비	등락률	거래량	시가	고가	저가
오리콤	13,060	▼ 460	-3.40%	77,799	13,410	13,450	12,920

화면(2) 엔벨로프+RSI 조건검색식 완료 후 매수 종목선정

CHAPTER 16

재무제표 및 공시로 종목 간단하게 선별하는 법

저점 매매는 기술적 분석으로 정확한 포인트를 잡아서 매매를 하기 때문에 재무제표나 공시 등의 비중은 크게 높지는 않습니다. 그러나 재무제표나 공시 등을 배제할 수 없는 중요한 이유가 한 가지 있는데 바로 '주가의 끝없는 폭락'을 예측할 수 있다는 것입니다. 예를 들어, 기술적 분석을 통해서 저점 구간에 진입한 종목을 매수하였는데 다음날부터 이유 없는 하락이 시작되더니 결국 엄청난 폭락으로 이어집니다. 재무제표와 공시를 확인해보니 4년 연속 적자에 자금부족으로 유상증자를 하겠다는 공시까지 나온 상태입니다. 이처럼 저점 매수 전에 재무제표만 분석하였어도 주가의 흐름을 충분히 예측할 수 있었지만, 기술적 분석만을 100% 고집하다보면 종종 벌어지는 일이기도 합니다. 재무제표와 공시에 대해 좀 더 자세히 보겠습니다.

IFRS(연결)	2020/12	2021/12	2022/12	2023/03	전년동기	전년동기(%)
매출액	**5,834**	**7,363**	**12,813**	**3,936**	**2,233**	**76.3**
매출총이익	5,834	7,363	12,813	3,936	2,233	76.3
판매비와 관리비	9,721	9,778	13,581	4,077	2,782	46.5
영업이익	−3,887	−2,414	−768	−141	−549	**적자지속**
영업이익(발표기준)	−3,887	−2,414	−768	−141	−549	**적자지속**

재무제표(예시)

위 종목의 재무제표를 보면 영업이익이 4년 동안 적자 상태이며 차트 또한 지속적으로 하락하다가 결국 최저점까지 도달하였습니다. 저점 매매 시 제외해야 할 2가지 경우는 첫 번째는 매출액과 영업이익 둘 다 3년 이상 적자인 경우이고, 두 번째는 매출액은 증가하는데 영업이익은 감소하는 경우입니다. 이러한 종목들은 다음 연도부터 흑자 전환하더라도 주가는 단기간에 빠르게 반등하는 것이 쉽지 않아 보이며, 앞으로 더 하락할 가능성이 높으므로 투자 종목으로는 메리트가 없다고 판단하여 매수하지 않습니다. 이처럼 현재 주가가 최저점 구간에 있다고 무조건 매수하는 것보다는 영업이익을 함께 보면서 단기 적자 또는 장기 적자인지, 기업의 재무상태는 어떠한지도 확인한다면 저점 매매에 도움이 됩니다.

공시(예시)

2023/06/20	16:04:16	씨제이씨지브이(주)	금전대여 결정
2023/06/20	15:50:20	씨제이씨지브이(주)	기업설명회(IR) 개최(안내공시)
2023/06/20	15:49:35	씨제이씨지브이(주)	유상증자결정
2023/06/13	16:30:00	씨제이씨지브이(주)	추가상장(국내CB전환)
2023/05/31	15:04:52	씨제이씨지브이(주)	기업지배구조 보고서 공시
2023/05/25	17:04:21	씨제이씨지브이(주)	추가상장(국내CB전환)
2023/05/23	16:00:53	씨제이씨지브이(주)	(해제) 투자유의채권종목 지정예고 해제

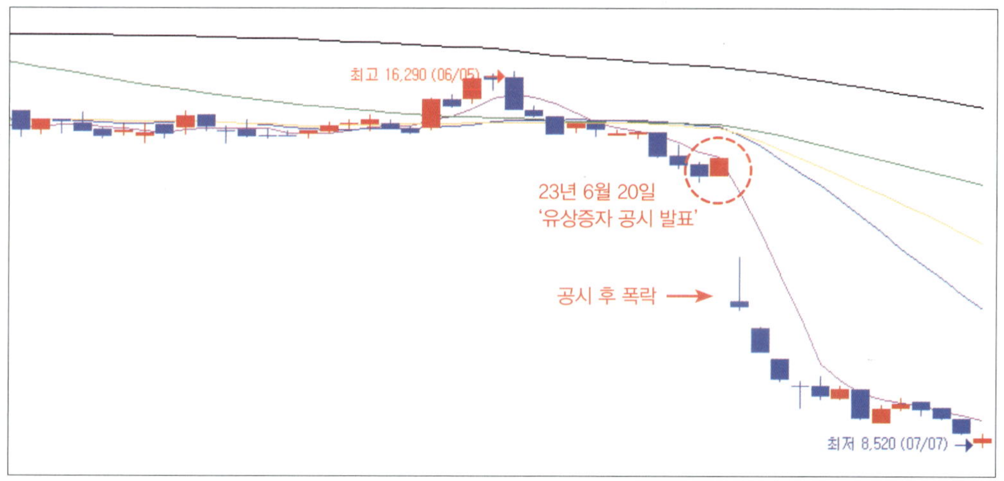

여러 공시 중에 악재로 많이 알려진 유상증자는 기업이 운영 자금 부족으로 내놓는 대책 중 하나입니다. 그렇기 때문에 공시 발표날 엄청난 매도세 때문에 폭락하는 경우가 많고 추가하락의 리스크도 있기 때문에 최저가에 도달하였다고 해도 절대 매수하면 안 됩니다. 또한 기업이 운영자금이 부족할 때 보통 외부로부터 자금을 빌려오는 방법으로, CB전환 사채를 많이 이용합니다. 이것은 나중에 부채를 상환할 때 주식으로 전환할 수 있는 채권으로도 잘 알려져 있는데, 이러한 CB전환 사채를 단기간에 많이 이용한다면 기업의 재정상태가 많이 좋지 않다고 볼 수 있으며 매출과 영업이익이 3년 이상 적자라면 상장폐지

로 이어지는 경우도 종종 있습니다. 그래서 주식 투자에 있어서 재무제표와 공시가 상당히 중요하고 이것들이 기술적 분석과 함께 더해진다면 보다 정확한 투자를 할 수 있을 뿐만 아니라 큰 손실까지 예방할 수 있습니다.

CHAPTER 17

저점 매매 시 승률을 높이는 과거 차트 분석법

1. 저점 매매 시 승률을 높이는 핵심 전략

"주식 투자는 확률 게임이다." 이 말은 주식시장에서 오랜 시간 살아남은 투자자들이 공통적으로 강조하는 진리입니다. 100% 확실한 투자는 존재하지 않지만, 승률을 높일 수

있는 방법은 분명히 존재합니다. 그중에서도 과거 차트를 분석하는 일이 투자에 앞서 얼마나 중요한지, 그리고 어떻게 활용해야 하는지 자세히 설명드리겠습니다.

많은 초보 투자자들이 차트 분석을 어려워하거나 단순히 현재 주가만 보고 투자 결정을 내리는 경우가 많습니다. 하지만 주가는 결코 무작위로 움직이지 않습니다. 시장에는 분명한 패턴과 반복되는 습성이 존재하며, 이를 파악하는 것이 바로 과거 차트 분석의 핵심입니다.

저점 매매 시 승률을 높이는 방법 중에 하나는 과거 차트를 철저히 분석하는 것입니다. 쉽게 설명드리자면, 현재 주가의 저점 자리가 과거에도 비슷하게 있었는지, 또는 같은 경우가 있었는지 면밀히 찾아보는 것입니다. 그 자리가 존재했다면 주가가 그 후에 어떻게 흘러갔는지 체크해 보는 것이죠.

이것은 마치 날씨 패턴을 분석하는 것과 비슷합니다. 과거 10년간 특정 시기에 비가 왔던 기록을 보면 올해도 그 시기에 비가 올 확률을 예측할 수 있는 것처럼, 주가도 과거의 움직임을 통해 미래를 예측할 수 있는 단서를 제공합니다.

위 예시 종목의 차트를 보시면 약 2년 동안 저점은 크게 4번 왔었고, 그 후에 반드시 반등하는 모습을 확인할 수 있습니다. 만약 4번 자리가 현재 저점 중인 자리이고 1~3번까지가 과거 차트라고 보면, 4번 자리는 반드시 매수해야 될 저점 자리라고 설명할 수 있습니다.

이유는 명확합니다. 과거 3번의 저점 자리에서 모두 반등을 하였기 때문에 4번째도 상승할 확률이 통계적으로 높다고 보는 것입니다. 이것이 바로 확률적 사고방식입니다. 물론 예시 차트가 짧아서 4번만 보여드렸는데, 실제로 오래된 종목을 깊이 분석해보면 최근 10년 동안 단 한 번도 빗나간 적이 없는 강력한 지지선을 가진 종목도 있습니다.

이러한 종목을 발견했을 때의 투자 신뢰도는 상당히 높아집니다. 10번 중 10번 모두 반등했다면, 11번째도 반등할 확률이 매우 높다고 볼 수 있기 때문입니다. 이것이 바로 과거 차트 분석이 주는 가장 큰 이점입니다.

2. 반대 상황도 반드시 체크하기!

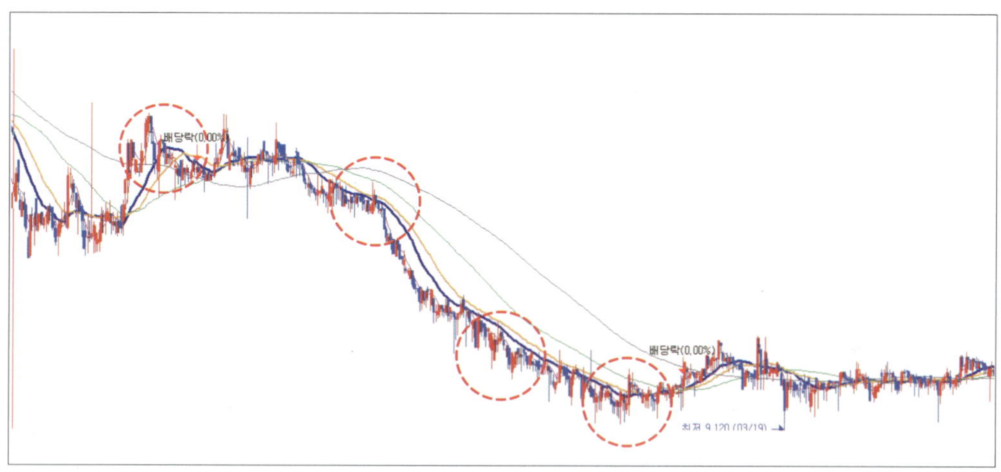

상승 확률이 높은 자리에 비해 반드시 반대 상황도 반드시 체크해야 되는데, 모든 종목이 과거 차트와 100% 똑같이 흘러가지는 않습니다. 시장은 살아있는 생물처럼 변화하기 때문입니다. 따라서 반대 케이스도 반드시 확인해야 합니다.

만약 반대로 총 4번의 저점 중에서 1번만 반등을 하고 나머지 3번은 추가 하락을 했다면 어떻게 해야 할까요? 답은 간단합니다. 매수하지 않는 것이 좋습니다. 주가는 과거 패턴에서 횟수가 많은 방향대로 흘러갈 확률이 통계적으로 높기 때문입니다. 4번 중 3번이 하락했다면, 4번째도 하락할 가능성이 75%인 것이죠.

위 예시 차트처럼 과거에는 저점 자리에서 반등을 하다가 어느 순간부터 계속 하락하기 시작하면서 장기간 횡보까지 하게 됩니다. 그러면 과거에 저런 자리가 또 있었는지 확인해 볼까요?

이 차트를 보면 첫 번째 차트와 비슷하게 주가가 장기간 하락하는 것을 확인할 수 있습니다. 이 두 개의 차트만 봐도 하락 확률이 어느 정도는 반복된다는 사실을 알게 되고, 차트 분석은 단순히 "오를 것 같다"는 감이 아니라, 명확한 숫자와 확률에 근거한 과학적 접근법이라고 말할 수 있습니다. 그래서 저점매매는 감정을 배제하고 데이터에 집중할 때, 투자 성공률을 자연스럽게 높일 수 있습니다.

3. 과거 차트 분석 시 반드시 주의해야 될 것

과거 차트를 분석할 때 한 가지 반드시 주의해야 할 점이 있습니다. 바로 예외적인 상황을 구별하는 능력입니다. 리먼브라더스 사태, 코로나 사태 등 국제적인 큰 이슈가 있는 시기에는 모든 일반적인 패턴이 무너지고 예측 불가한 차트가 발생됩니다. 이런 시기에는 아무리 과거 데이터가 완벽해도 확률 분석 또한 무용지물이 됩니다. 전 세계적 팬데믹이나 금융위기 같은 블랙스완 이벤트 앞에서는 모든 기술적 분석이 무력해지기 때문입니다.

따라서 현재 시장 상황이 정상적인 범위 내에 있는지, 아니면 극단적인 위기 상황인지를 먼저 판단하는 거시적 안목이 필요합니다. 어설픈 분석으로 위기 상황에 뛰어들었다가는 큰 손실로 이어질 수 있다는 것을 반드시 기억하시기 바랍니다.

확률을 아군으로 만드는 투자는 결국 성공적인 확률을 자신의 편으로 만드는 것입니다. 과거 차트 분석은 그 확률을 높여주는 가장 기본적이면서도 강력한 도구입니다. 매번 이길 수는 없지만, 10번 중 7~8번을 이긴다면 장기적으로는 반드시 수익을 낼 수 있습니다. 시간을 들여 과거 데이터를 공부하고, 패턴을 찾고, 확률을 계산하는 노력이 결국 여러분의 잔고로 돌아올 것입니다.

CHAPTER 18

신규 상장주로 최대 수익을 내는
'저점 매매 절대 공식'

매매 전개도(예시) - 루닛 22.10(일봉)

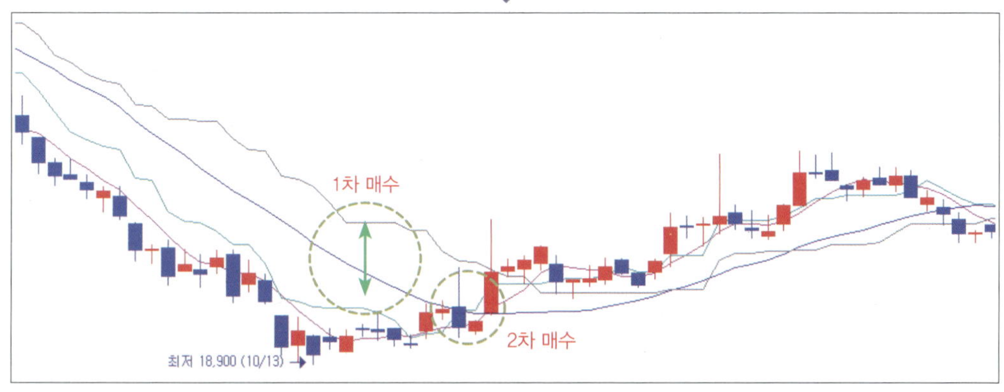

저점 매수 포인트(예시)

뉴로메카 23.02(일봉)

보통 신규상장주는 상장 이후 주가가 하락하는데, 짧게는 30일 내 길게는 50일 내에서 50% 이상 주가가 하락하는 종목들도 많습니다. 이러한 신규상장 종목에서 4개의 포인트를 활용하면 저점 매매를 할 수 있습니다. 첫 번째, 주가가 최초 고점에서 최저점까지 50% 이상 하락한 종목을 선정합니다. 두 번째, RSI 수치가 30 이하에 진입하였는지 확인해야 합니다. RSI 수치 30 이하는 매도세가 상당히 강한 상태이며, 주가가 최저점에 도달하였다는 의미이기 때문입니다. 세 번째, 강한 매도세로 인해서 -DI 수치가 35 이상 올라왔을 때 주가는 최저점이라고 볼 수 있습니다. 네 번째, 일목균형표의 기준선과 전환선이 평행상태를 이루고 있어야 합니다. 평행상태는 추세 전환의 준비 단계라고 보면 되고, 그 이후 주가가 반등하면서 전환선이 기준선을 골든크로스 하게 됩니다. 항상 최저점에서 완벽하게 추세 전환하면 전환선이 기준선을 골든크로스 하게 되고 단기 최고점 또는 중·장기 최고점까지 도달하게 되는데, 그 시점을 바로 매도포인트로 봅니다. 위에서 설명한 4가지 방법은 반드시 상장 직후 처음 나타나는 저점에서 매매해야 승률이 높습니다.

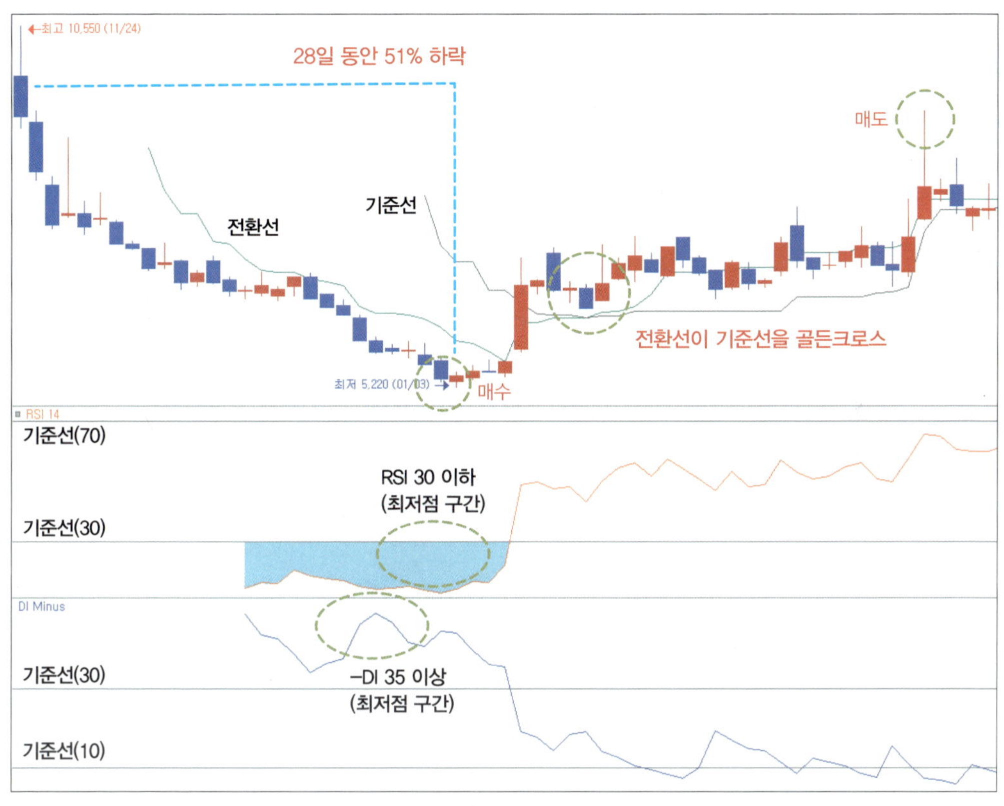

펨트론 23.02(일봉)

위 차트의 신규상장주를 4가지 포인트로 분석해 보겠습니다. 주가는 상장 이후 28일 동안 약 51% 정도 하락하였고 중간에 반등하지 않았습니다. 28일 당일 RSI 수치는 30 이하에 진입하였고, -DI 또한 35 이상이었습니다. 바로 이 시점이 주가의 최저점인 동시에 매수 시점이라고 볼 수 있습니다. 최저점에서 매수하였다면 반드시 체크해야 할 포인트가 있는데 지난 장에서도 설명하였던 추세 전환 여부입니다. 즉, 주가가 하락을 멈추고 지속적으로 상승할 수 있는지 추세를 체크하는 것입니다. 일목균형표의 전환선이 기준선을 골든크로스하였다면 확실하게 추세 전환을 시작하는 것이고, 그 반대라면 추세 전환이 약하거나 시점이 아니라고 볼 수 있습니다. 많은 보조지표 중에 일목균형표의 전환선/기준선으로 분석하는 이유는 전환선은 당일을 포함한 9일 중 최고점과 최저점의 중간값을 연결한 선이고, 기준선은 당일을 포함한 26일 중 최고점과 최저점의 중간값을 연결한 선이므로 주가의 상승 · 하락을 가장 정확하게 알 수 있는 지표이기 때문입니다. 그리고 전환선이 기준선보다 기간이 짧기 때문에 골든/데드크로스로 주가를 예측할 수 있습니다.

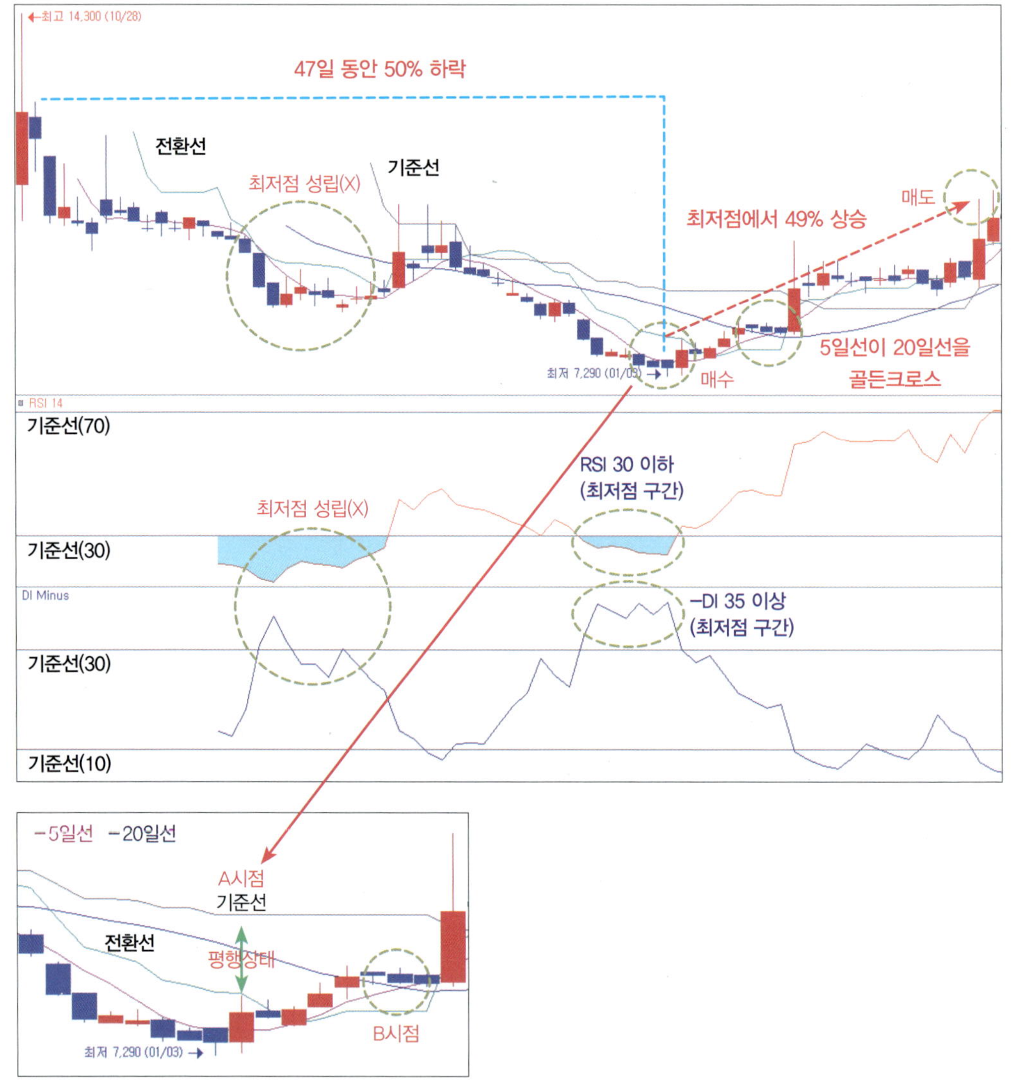

저스템 23.03(일봉)

세부 설명

주가가 하락을 멈추고 저점에서 다시 반등할 때 기준선과 전환선이 평행을 이루면서 양봉 캔들이 발생합니다. 그 후에는 반드시 5일선이 20일선을 골든크로스 하는데 이 시점은 완벽한 추세 전환으로 볼 수 있습니다. 만약 A시점에서 매수를 놓쳤다면 B시점에서 매수하여도 됩니다. 첫 번째 저점 구간은 전환선, 기준선이 완성되지 않아 최저점이 성립되지 않습니다.

주식시장은 확신을 요구하며, 확신이 없는 사람들은 반드시 희생된다.

– 피터린치 –

최고의 승률 심화 매매법

CHAPTER 19

최고의 저점을 잡아주는 마법의 선 '볼린저 밴드' 땅굴파기

1. 최고의 저점을 잡아주는 땅굴파기 매매법

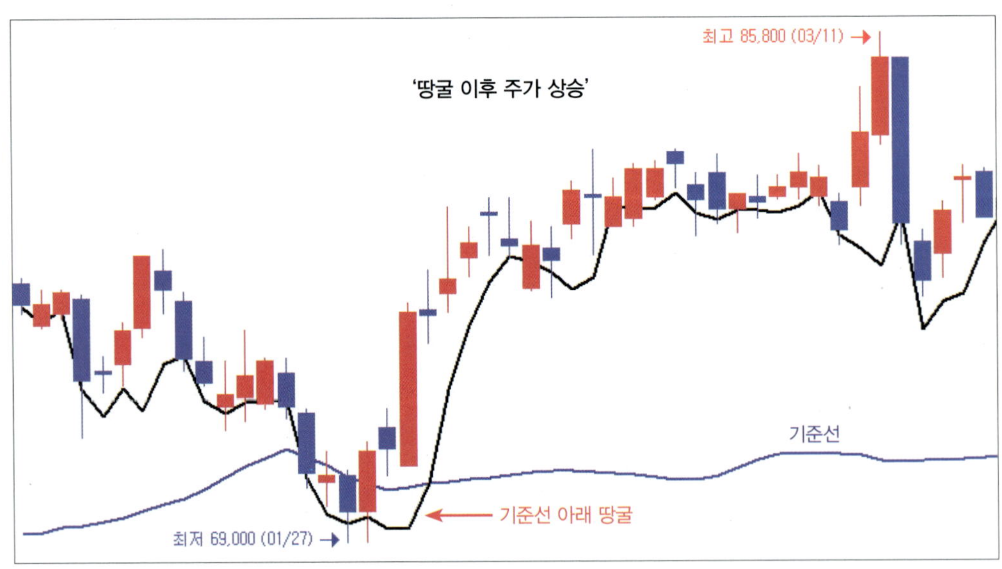

호텔신라 22.01(일봉)

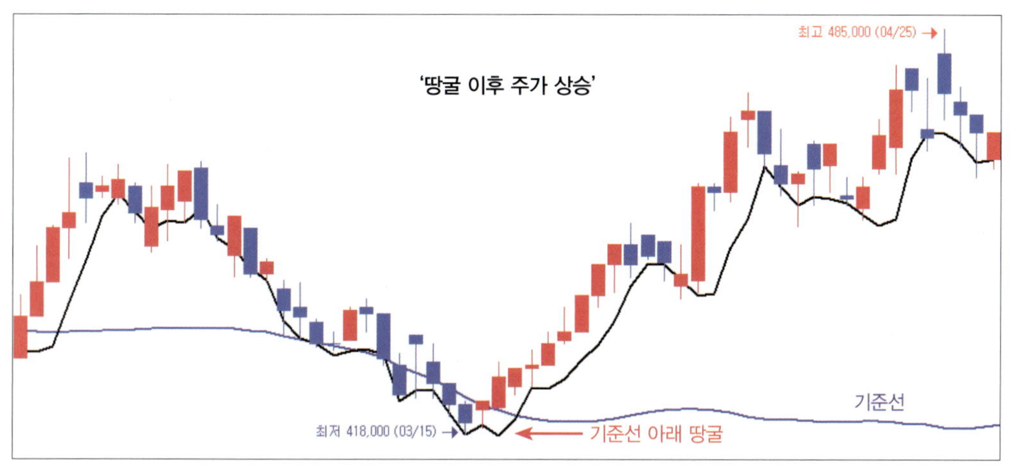

오뚜기 22.03(일봉)

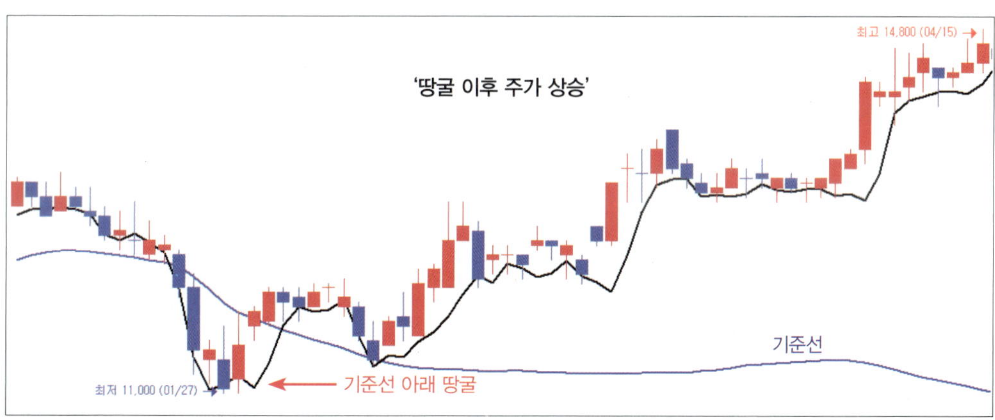

가비아 22.01(일봉)

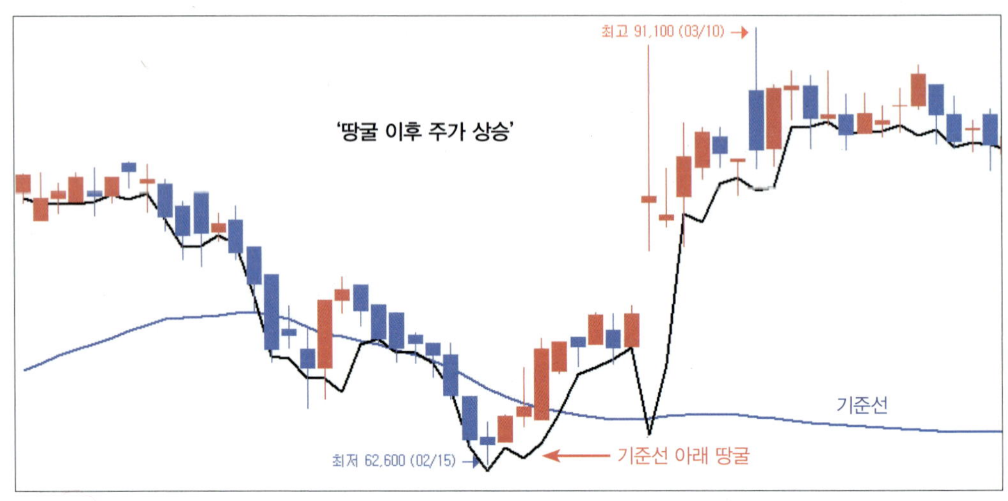

두산우 22.02(일봉)

2. 땅굴파기 매매지표 설정법

이 책의 모든 '땅굴파기' 매매법은 저자가 수년간 연구 끝에 개발한 최저점 매매 노하우입니다. 캔들이 일정한 선 안으로 들어가는 모습이 꼭 두더지가 땅굴 안으로 들어가는 것과 흡사하여 '땅굴파기'라고 부르게 되었습니다. 위의 예시처럼 주가가 하락하다 땅굴에만 들어가면 강 · 약 반등으로 상승하기 시작합니다. 그 상승세를 유지하면서 단기 고점 또는 최고점까지 도달하게 되는데, 상승 확률은 90% 이상입니다. 다른 보조지표와 복합적 분석이 필요 없고 오직 2개의 선만으로 '저점 매매'를 하면 됩니다.

(1) 기준선 설정

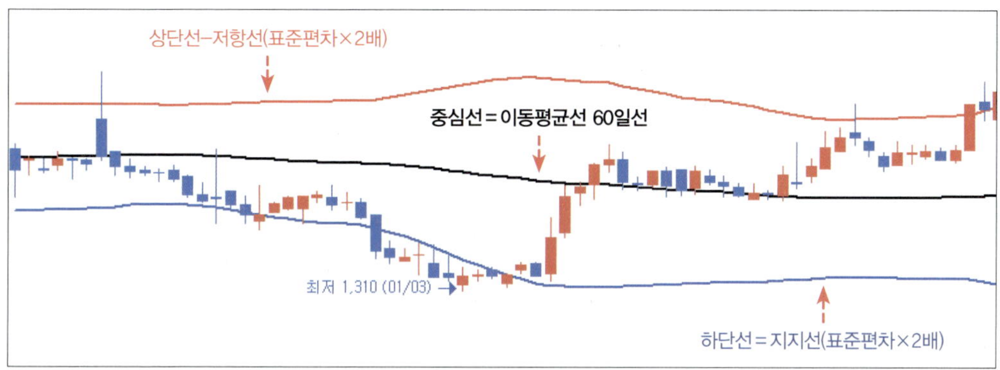

① 볼린저밴드

땅굴파기 기법은 2개의 선으로만 매매하는데, 그 2가지 선 중에서 기준선에 대해 먼저 설명하겠습니다. 위 차트는 볼린저밴드(Bollinger Bands)라는 보조지표입니다. 이 지표는 상단선, 추세중심선(**이하 중심선**), 하단선 이렇게 3가지 요소로 이루어져 있고, 주가의 변동이 표준정규분포 함수에 의해서 중심선을 기점으로 위아래로 폭이 같이 움직이는 상단선, 하단선 밴드를 만들어 냅니다. 상단선, 하단선 밴드의 범위는 표준편차의 2배수로 설정됩니다. 그리고 주가는 밴드 내에서만 움직일 확률이 약 95% 정도 되고 범위 밖으로 나갈 확률이 5% 정도 된다고 보면 됩니다. 주가가 상단선 근처에 있거나 넘어서면 고점 상태이며, 하단선 근처에 있거나 넘어서면 저점 상태입니다. 땅굴파기 매매의 핵심은 볼린저밴드를 1개만 사용하지 않고, 2개를 복합적으로 사용한다는 것입니다. 2개 지표를 겹쳐서 사용하기 때문에 지표의 수치가 가장 중요합니다. 우선, 기준선이 되는 볼린저밴드 1개를 설정합니다. 지표 수치는(Period : 60, D1 : 2)입니다. 즉, 이동평균선 60일선을 중심선으로 잡고 그 60일선을 중심으로 위로는 '표준편차×2'를 더한 상단선, 아래로는 '표준편차×2'를 뺀 하단선으로 조건을 준 것입니다. 이렇게 수치를 입력하면 위 차트처럼 3개의 선들이 표시됩니다. 이렇게 기준선 설정은 끝났고 다음 장에서는 땅굴선 설정을 해 보겠습니다.

(2) 땅굴선 설정

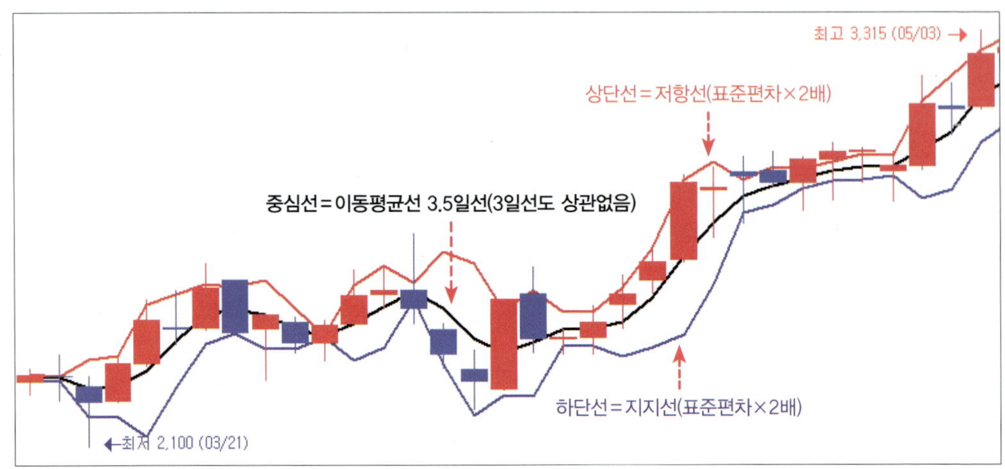

② 볼린저밴드

앞서 설명한 것처럼 땅굴파기 매매는 2개의 지표를 겹쳐서 사용하기 때문에 같은 지표를 1개 더 추가해야 하는데, 기존 기준선(**이동평균선 60일 중심선 설정**)이 표시되어 있는 상태에서 똑같은 지표를 겹쳐서 추가해야 됩니다. 땅굴선 역시 볼린저밴드 지표를 사용하는데 기준선보다는 훨씬 단기인 이동평균선 3.5일선(**3일선도 상관없음**)을 설정합니다. 이유는 단기 이동평균선이 장기 이동평균선을 돌파하고 상승할 때 추세 전환이 되기 때문입니다. 땅굴선의 수치는(Period : 3.5, D1 : 2)입니다. 즉, 이동평균선 3.5일선을 중심선으로 잡고 그 3.5일선을 중심으로 위로는 '표준편차×2'를 더한 상단선, 아래로는 '표준편차×2'를 뺀 하단선으로 조건을 준 것입니다. 이렇게 수치를 입력하면 위 차트처럼 3개의 선들이 표시됩니다.

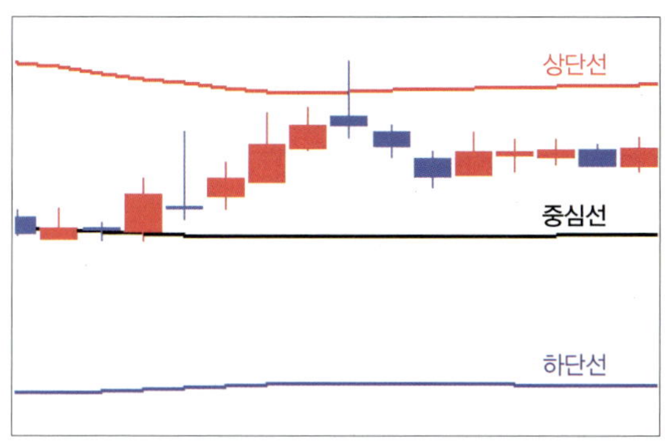

기준선(60일선 기준)

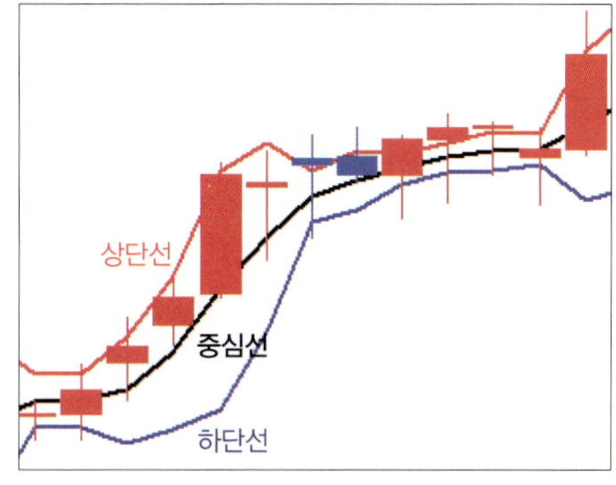

땅굴선(3.5일선 기준)

기준선과 땅굴선의 수치 설정이 끝난 후 2개의 지표를 겹치기 전에 위 2개의 차트를 비교해 보겠습니다. 우선 왼쪽 차트를 보면 중심선(60일선)을 기점으로 상단선과 하단선의 범위가 넓지만, 오른쪽 차트는 중심선(3.5일선)을 기점으로 상단선과 하단선의 범위가 좁습니다. 장기 이동평균선 60일선과 단기 이동평균선 3.5일선 차이가 큰 만큼 상단과 하단의 범위도 차이가 큰 것입니다. 2개의 지표 설정이 모두 끝났으면 다음 장에서는 지표들이 겹쳐진 모습과 실전 매매법을 설명하겠습니다.

(3) 기준선+땅굴선 지표 겹친 모습

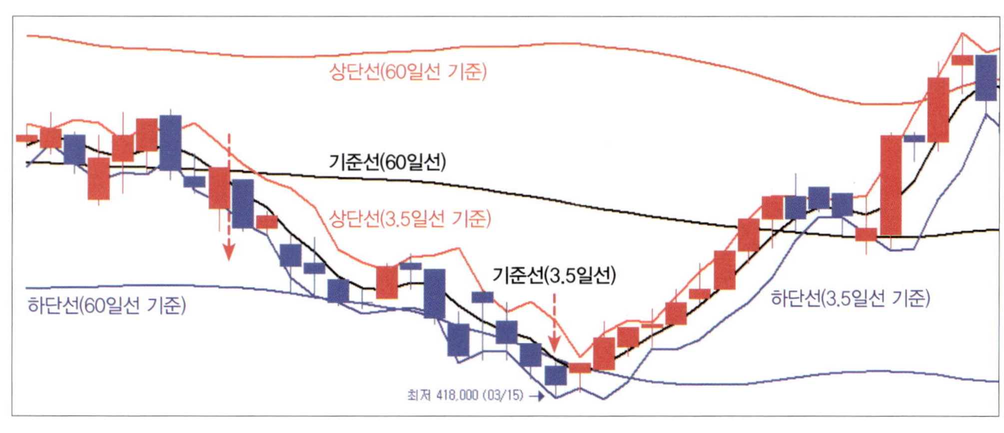

오뚜기 22.03(일봉)

기준선과 땅굴선 2개 지표(**볼린저밴드 2개**)를 겹치게 되면 위 차트 모습처럼 됩니다. 복잡해 보이지만 간단한 선들입니다. 이제 기준선과 땅굴선의 설정이 모두 끝났는데 마지막 중요한 작업 하나가 남았습니다. 우리는 고점 매매가 아닌 '저점 매매'를 해야 되기 때문에 매매법에 맞는 설정을 해야 합니다. 그래서 볼린저밴드 지표에서 하단선만 남기고 중심선과 상단선은 모두 삭제합니다.

(4) 땅굴파기 지표 완성

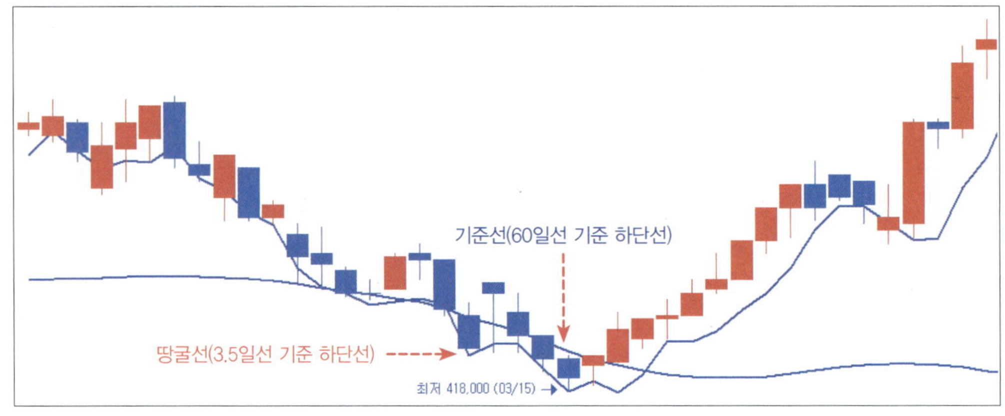

오뚜기 22.03(일봉)

기준선과 땅굴선 2개 지표를 겹친 상태에서 하단선만 남기고 중심선과 상단선을 모두 삭제하면 위 차트처럼 하단선 2개만 남게 됩니다. 땅굴선은 이동평균선 3.5일선을 기준으로 계산된 하단선이고, 기준선은 이동평균선 60일선을 기준으로 계산된 하단선입니다. 이렇게 하면 땅굴파기 매매지표 설정은 끝입니다. 다음 장에서는 땅굴파기 매매법을 설명하겠습니다.

4. 땅굴파기 실전 매매법

(1) 땅굴파기 표준형 매수법

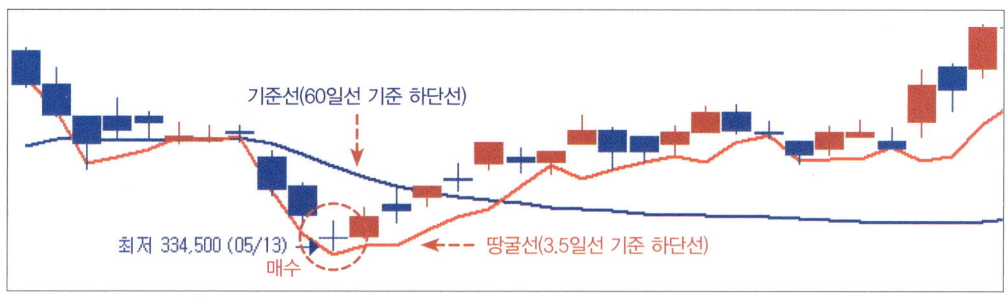

NAVER 21.05(일봉)

땅굴파기 매수법은 주가의 하락세로 인해 땅굴선이 하향하면서 기준선을 돌파하고 내려오면 그 시점이 바로 매수 타이밍입니다. 더 정확하게 설명하자면 땅굴선이 기준선을 돌파하고 하락한 후 2~5일 안으로 음봉 캔들의 아래꼬리가 땅굴선에 도달하거나 근접해 있는 시점을 정확한 매수 타점으로 보면 됩니다. 음봉 캔들의 아래꼬리가 땅굴선에 근접하거나 도달한다는 것은 현재 주가가 최저가인 상태를 의미하는 경우가 많습니다. 대다수의 땅굴은 주가가 하락세일 때 나타나므로 음봉 캔들이 더 많으나, 간혹 양봉 캔들의 아래꼬리가 땅굴선에 도달할 때도 있으므로 양 · 음봉 캔들을 특별하게 구별하지 않고 매수하면 됩니다.

(2) 땅굴파기 안정형 매수법

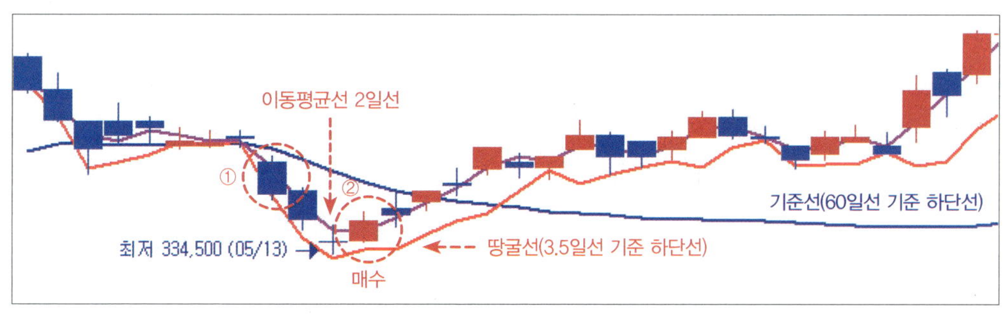

NAVER 21.05(일봉)

①번 구간을 보면 땅굴선이 기준선을 돌파하면서 내려왔고 음봉 캔들이 당일 장중 저가로 인해 땅굴선에 도달하였습니다. 그 다음날부터 2일 동안 하락하다가 5/13일에 십자형 캔들로 하락세를 멈췄습니다. 만약 ①번 구간에서 매수하였다면 속았다는 생각이 들 것입니다. 그래서 이러한 경우를 예방할 수 있는 안정적 매수 방법이 있습니다. 이동평균선 2일선을 추가해서 매매하는 방법입니다. 2일선이 캔들과 함께 하락하다 어느 순간 평행하거나 상승하는 시점인 ②번 구간을 매수 타이밍으로 보면 됩니다. 양봉 캔들이 나타나는 시점이지만 예외도 있기 때문에 반드시 이동평균선 2일선이 평행상태인지 또는 상승하는지를 확인해야 됩니다.

(3) 땅굴파기 표준형 매도법

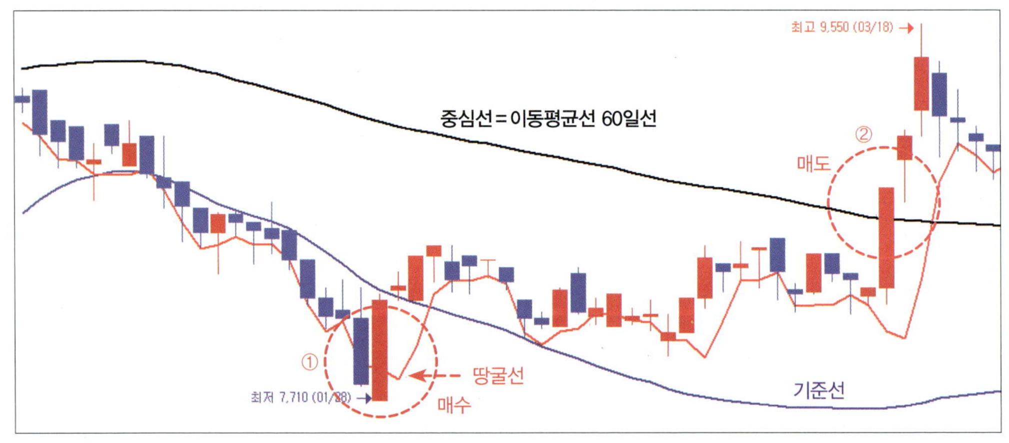

디지털대성 22.01(일봉)

땅굴선이 하향하면서 기준선을 돌파하면서 내려오고 음봉 캔들이 땅굴선에 도달하는 ①번 구간에서 매수합니다. 보통 주가는 땅굴 안으로 들어오면 중심선까지 상승하는데, 그 시점을 매도 시점으로 보면 됩니다. 하단선에서 중심선까지 도달하는 기간은 빠르면 10일 내이고, 길면 30일 정도 걸립니다. 매도할 때 수익을 극대화하기 위해서 50% 또는 30% 정도로 분할 매도하는 것이 좋습니다.

(4) 땅굴파기 수익 2배 매도법

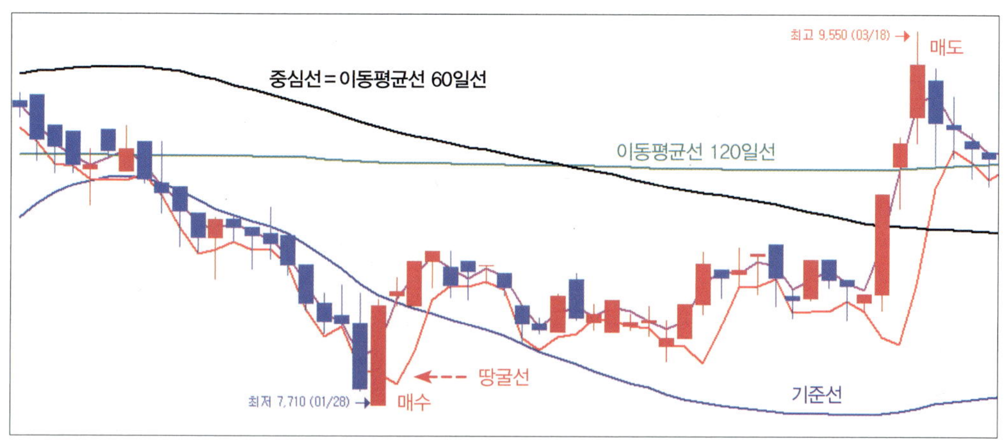

디지털대성 22.01(일봉)

표준형 매도법에서는 매도선을 중심선으로 잡았지만, 여기서 매도선 이동평균선 120일선을 하나 더 추가하면 주가가 중심선을 돌파하고 그 위에 있는 120일선도 돌파하고 올라간 것을 볼 수 있습니다. 주가가 땅굴에서 상승하기 시작하면 90% 이상의 확률로 120일선까지 도달한 뒤 바로 하락하거나, 120일선을 돌파하고 더 상승하거나 둘 중에 하나입니다. 표준형보다는 수익률은 높지만 급락하는 변수에 대한 리스크가 있기 때문에 신중하게 판단하고 매도하는 것이 좋습니다.

5. 땅굴파기 실전 매매 흐름도

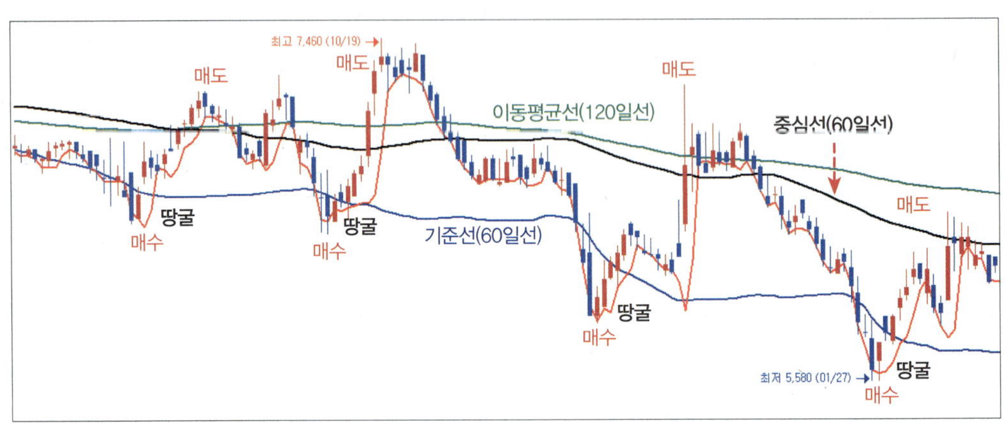

경인양행 21.8~22.1(일봉)

주가는 항상 상승과 하락을 반복하기 때문에 여러 종목을 매매할 필요 없이 한 종목으로도 충분한 수익을 낼 수 있습니다.

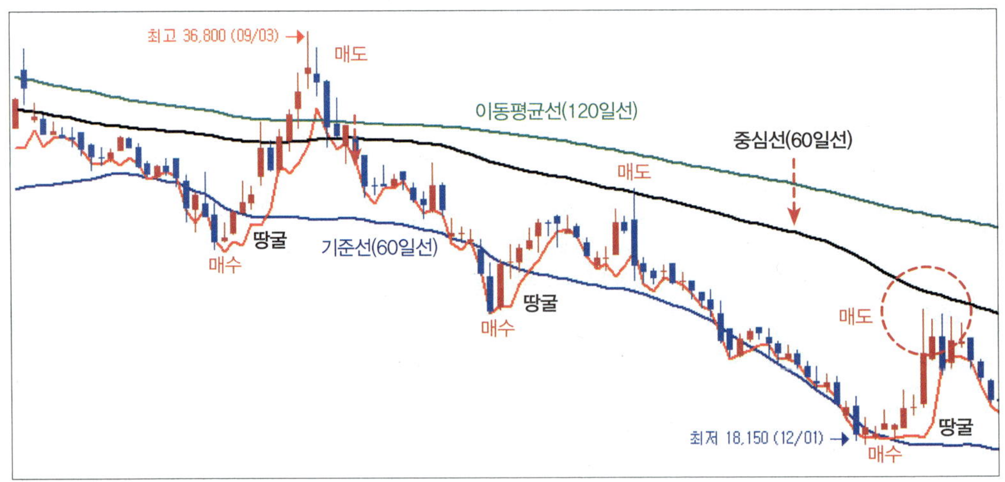

고바이오랩 21.8~21.12(일봉)

세 번째 마지막 매도 시점은 주가가 꼭 중심선에 도달하지 않더라도 근접선에서 매도해도 됩니다.

6. 땅굴파기 저점 매매 조건검색식(HTS 키움증권)

(1) 조건검색식(RSI+볼린저밴드)

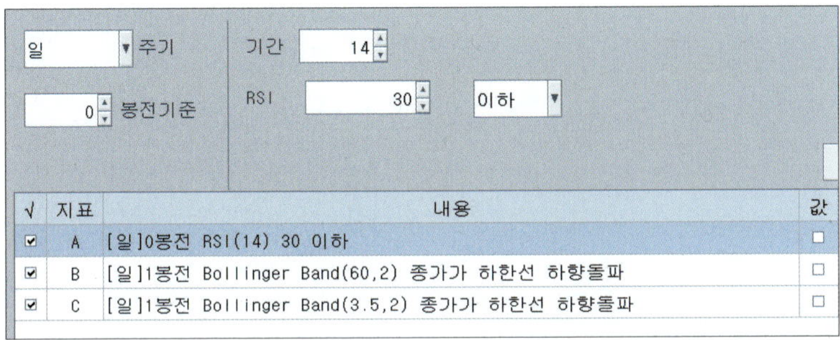

① **RSI 지표** : 기간은 14일, 수치는 30 이하로 설정합니다(RSI 지표는 땅굴선이 기준선을 하향 돌파할 때 30 이하가 아닌 경우도 있습니다. 만약 30 이하로 나타나면 주가가 최저점인 상태라는 의미입니다).

② **볼린저밴드** : 기준선(기간 60, 승수2) 하단선 하향 돌파 조건, 1봉전(전일) 땅굴선(기간 3.5 승수2) (3.5) 설정이 불가 시 (3)도 가능, 하단선 하향 돌파 조건, 1봉전(전일)

(2) 조건검색식 완료 후 매수 종목선정

전체검색 ▼ | 검색 | 다음 | 초기화 | 실시간검색

클릭

종목명	현재가	전일대비	등락률	거래량	시가	고가	저가
SH에너지화학	739	▼ 1	-0.14%	275,834	740	750	735

CHAPTER 20

높은 승률을 자랑하는 '엔벨로프' 땅굴파기

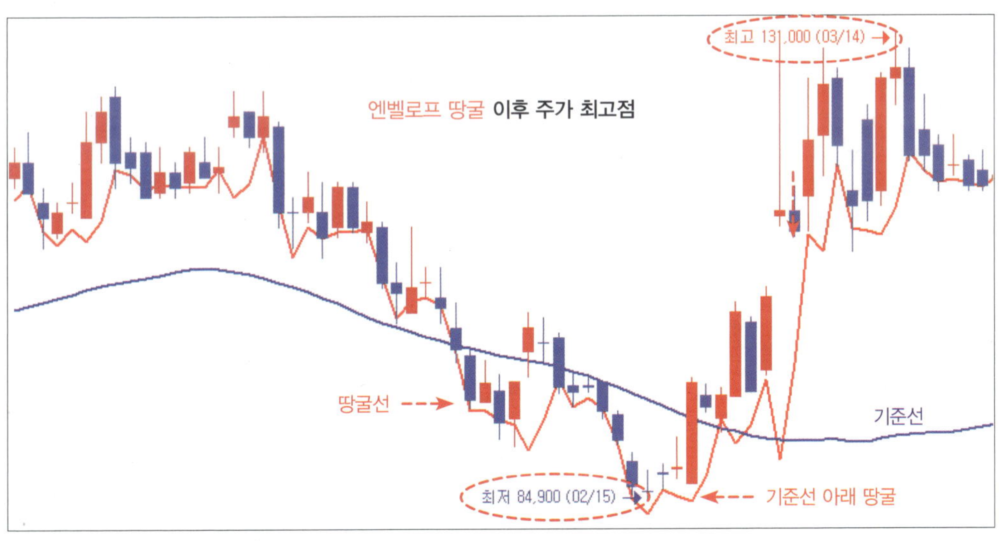

두산 22.03(일봉)

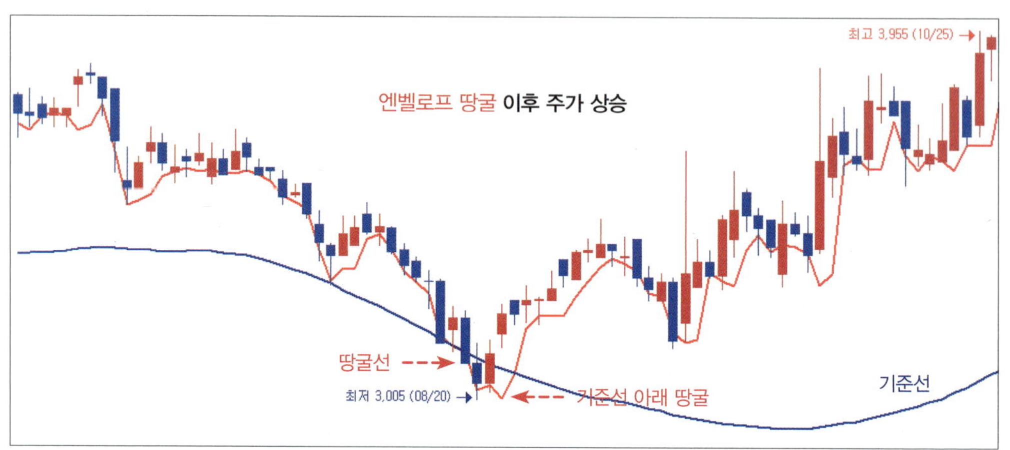

글로벌텍스프리 21.08(일봉)

노루페인트 22.02(일봉)

대창 22.01(일봉)

1. 엔벨로프 땅굴파기 설정법

(1) 기준선 설정

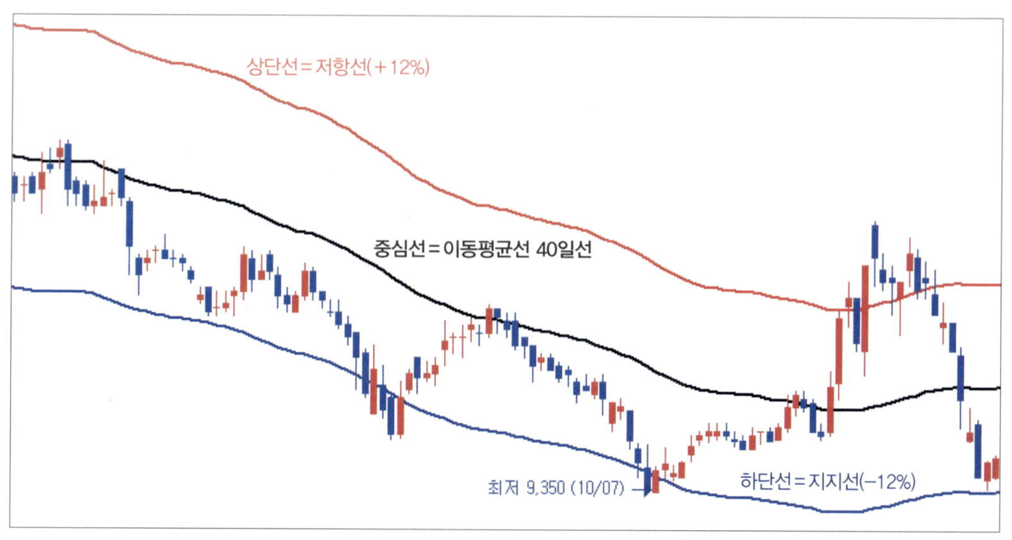

① 엔벨로프

엔벨로프 땅굴파기 기법은 볼린저밴드 땅굴파기 매매법과 비슷하게 2개의 선으로만 매매합니다. 지표의 수치는 Period : 40, Percent : 12입니다. 이동평균선 40일선을 중심선으로 잡고 그 40일선을 중심으로 위 이격도 +12%를 더한 상단선, 아래 이격도 −12%를 뺀 하단선으로 조건을 실정합니다. 이렇게 수치를 입력하면 위 차드처림 3개의 선들이 나타나는데, '저점 매매'를 하기 위해서는 하단선만 남기고 모두 삭제합니다. 남은 하단선이 바로 엔벨로프 땅굴파기 매매의 기준선이 됩니다.

(2) 땅굴선 설정

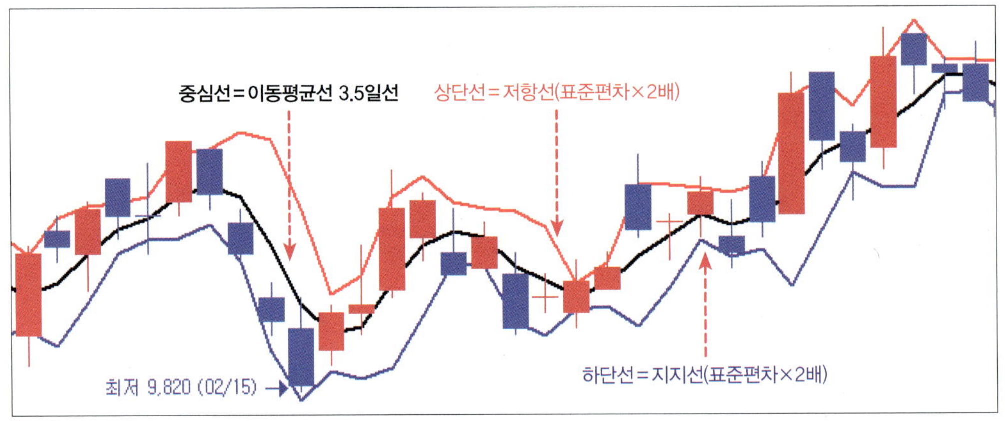

② 볼린저밴드

엔벨로프 땅굴파기 매매 역시 2개의 지표를 겹쳐서 사용하기 때문에 지표를 1개 더 추가해야 합니다. 땅굴선은 기존 볼린저밴드 매매법에서 사용하였던 같은 땅굴선(이동평균선 3.5일선)을 사용합니다. 이 지표도 '저점 매매'를 위해서 하단선만 남기고 모두 삭제를 합니다. 원리는 엔벨로프 중심선 40일선을 기점으로 이격도 −12% 계산된 하단선을 볼린저밴드 3.5일 중심선으로 계산된 표준편차 하단선이 하향 돌파한 후 주가가 다시 반등하는 원리입니다.

2. 엔벨로프 땅굴파기 매매법

(1) 땅굴파기 지표 완성

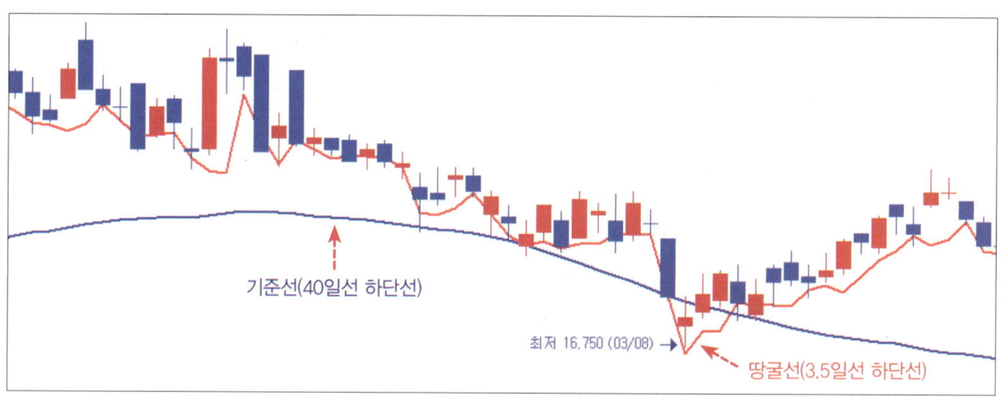

고영 22.03(일봉)

기준선과 땅굴선 2개 지표를 겹친 상태에서 하단선만 남기고 중심선과 상단선을 모두 삭제하면 위 차트처럼 하단선 2개만 남게 됩니다. 땅굴선은 볼린저밴드의 중심선을 이동평균선 3.5일선 기준으로 계산된 하단선이고 기준선은 엔벨로프 지표를 이동평균선 40일선 기준으로 계산된 하단선입니다. 지표설정이 모두 끝났으니 엔벨로프를 이용하여 땅굴파기 매매법을 설명하겠습니다.

(2) 땅굴파기 매수법

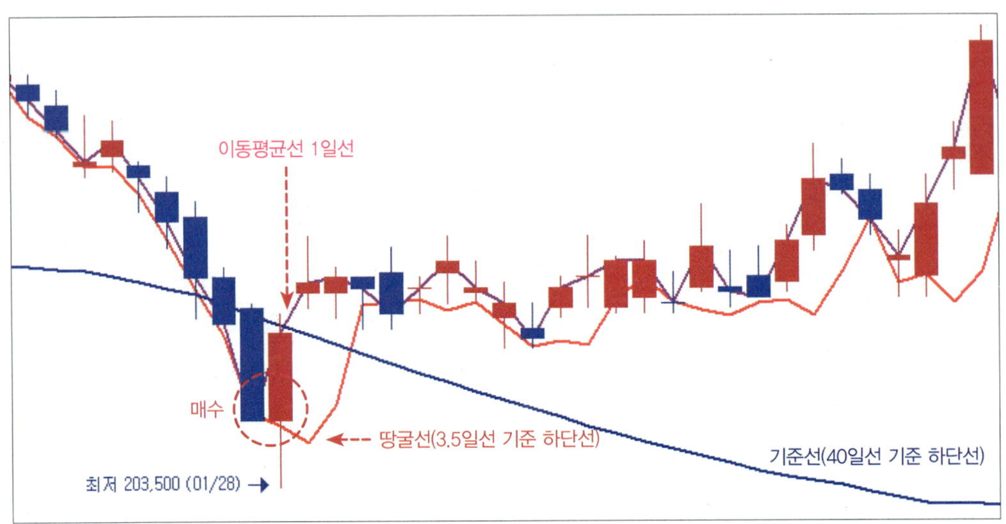

SK 22.01(일봉)

엔벨로프 땅굴파기 매수법은 볼린저밴드 매수법과 비슷합니다. 단, 보조지표의 특성과 설정수치가 하늘과 땅 차이라는 것을 명심해야 합니다. 차트를 보면 땅굴선이 기준선을 돌파하면서 내려왔고 음봉 캔들이 당일 장중 저가로 인해 땅굴선에 도달하였는데, 바로 이 시점이 매수 시점으로 볼 수 있습니다. 여기서 중요한 점은 캔들의 바닥이나 아래꼬리가 땅굴선에 닿거나 돌파하고 내려갔을 때만 매수 시점으로 보는데, 바로 이 시점이 '최저점 **(완전 바닥)**'이기 때문입니다. 여기서 보다 더 안정적으로 매수하고 싶다면 이동평균선 1일선을 추가하여 매매하면 됩니다. 1일선이 캔들과 함께 하락하다 어느 순간 평행하거나 상승하는 시점이 있는데, 그 시점을 매수 타이밍으로 보면 됩니다. 볼린저밴드 땅굴파기는 2일선으로 판단하지만 엔벨로프 땅굴파기는 1일선으로 판단합니다.

(3) 안정형 60일선 매도법

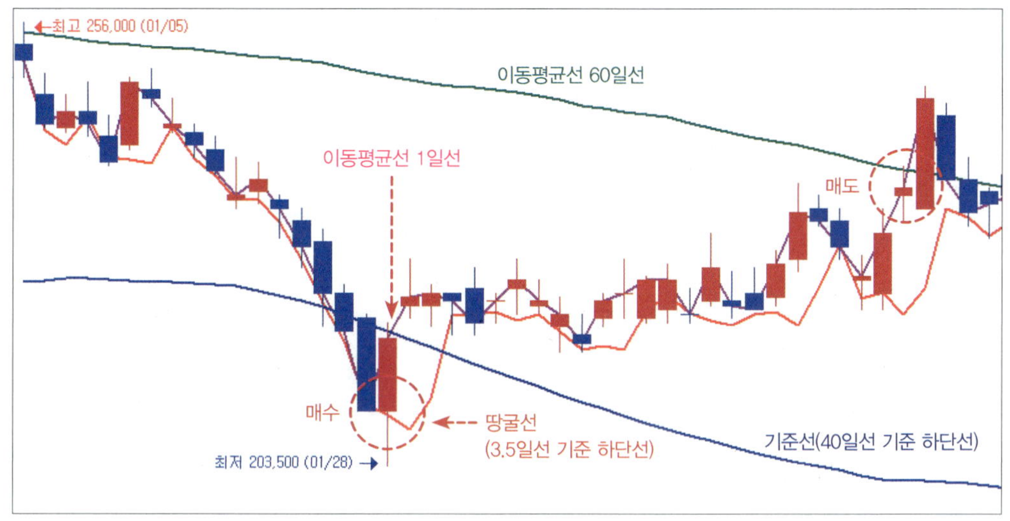

SK 22.01(일봉)

엔벨로프 땅굴선의 패턴은 주가가 땅굴선 안으로 들어오면 95% 이상 이동평균선 60일까지 도달합니다. 땅굴선과 60일선이 격차가 많이 벌어져 있으면 그만큼 오래 걸리고, 격차가 좁다면 더 빠르게 도달합니다. 주가가 땅굴선 안으로 들어오면 매수하고, 이후 지속적으로 상승하다가 이동평균선 60일선을 돌파하는 시점에서 매도하면 됩니다(**항상 변수에 대비해서 투자금액의 50% 정도를 분할 매수하는 것을 추천합니다**).

(4) 수익 극대화 120일선 매도법

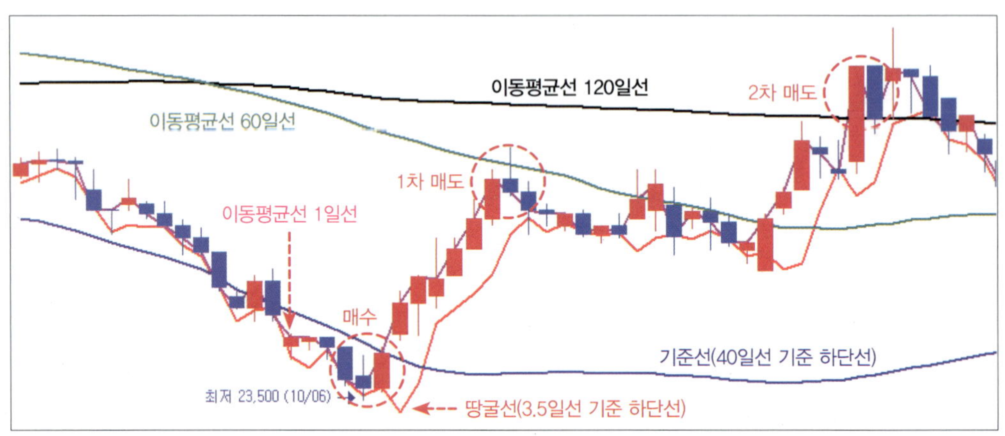

경인전자 21.10(일봉)

수익을 극대화하기 위해서 이동평균선 120일선을 추가해보겠습니다. 120일선을 추가하면 주가가 60일선을 돌파하고 상승하다가 120일선까지도 돌파한 것을 볼 수 있습니다. 60일선에서 1차 매도 후 주가가 다시 60일을 돌파하고 상승할 때 120일선에서 2차 매도하면 됩니다. 보통 땅굴선에서 상승해서 60일선에 도달하고 다시 하락하는 경우보다 60일선을 돌파하고 120일선까지 상승할 확률이 훨씬 더 높습니다.

3. 엔벨로프 땅굴파기 실전 매매 흐름도

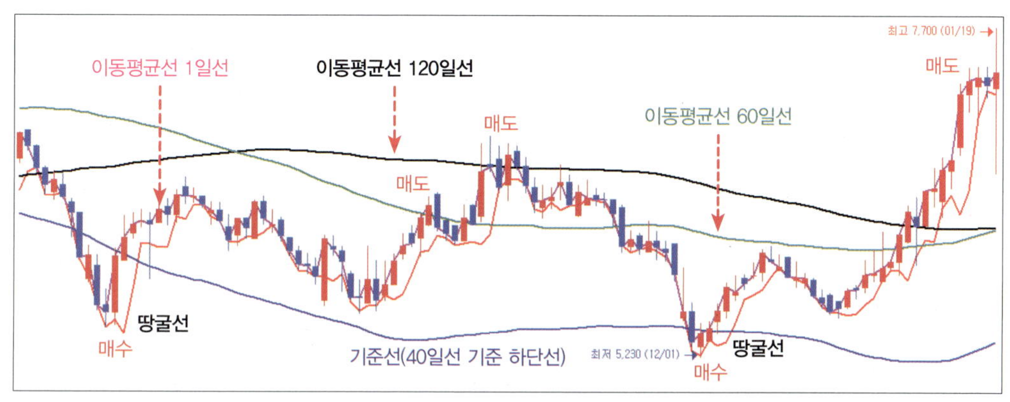

세진중공업 22.01(일봉)

땅굴파기 매매를 통해서 수익 극대화 매매법도 좋지만 항상 폭락의 변수에 대응하기 위해서 분할 매도를 권장합니다.

※ 60일선에서 1차 매도(50%), 120일선에서 2차 매도(50%)를 권장합니다.

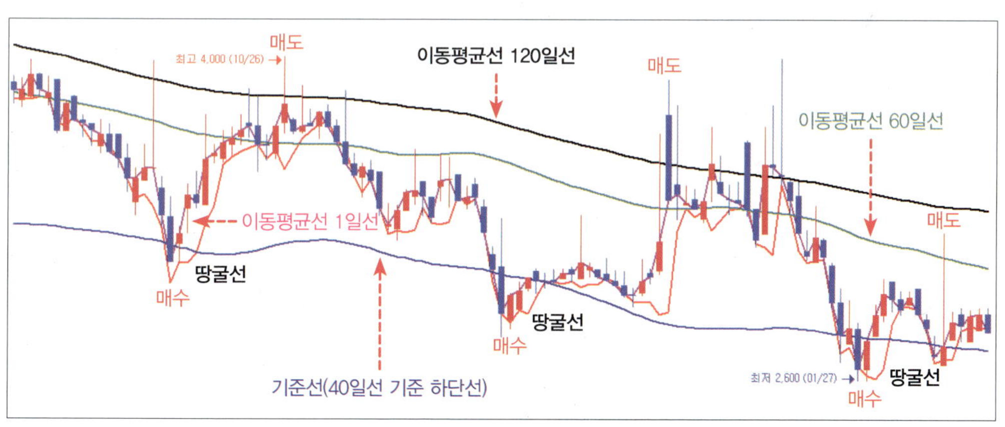

구영테크 22.01(일봉)

세 번째 마지막 매도 시점은 주가가 꼭 120일선에 도달하지 않더라도 60일선에서 매도해도 됩니다.

4. 엔벨로프 땅굴파기 저점 매매 조건검색식(HTS 키움증권)

(1) 조건검색식(RSI+볼린저밴드+엔벨로프)

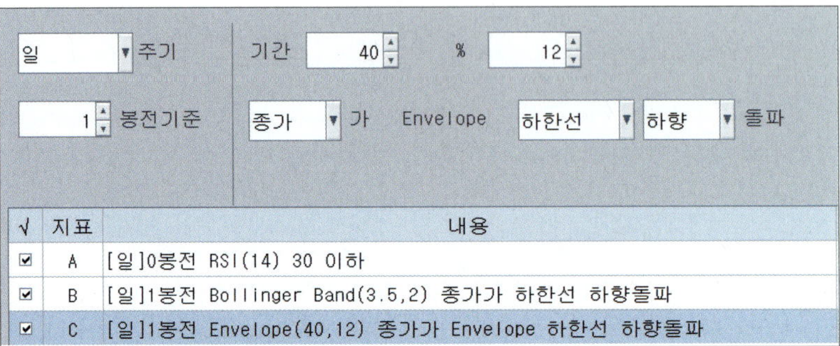

√	지표	내용
☑	A	[일]0봉전 RSI(14) 30 이하
☑	B	[일]1봉전 Bollinger Band(3.5,2) 종가가 하한선 하향돌파
☑	C	[일]1봉전 Envelope(40,12) 종가가 Envelope 하한선 하향돌파

① **RSI 지표** : 기간은 14일, 수치는 30 이하로 설정합니다(RSI 지표는 땅굴선이 기준선을 하향 돌파할 때 30 이하가 아닌 경우도 있습니다. 만약 30 이하로 나타나면 주가가 최저점인 상태라는 의미입니다).

② **볼린저밴드** : 땅굴선(기간 3.5, 승수 2) 하단선 하향 돌파 조건, 1봉전(전일)

③ **엔벨로프** : 기준선(기간 40, 12%) 하단선 하향 돌파 조건, 1봉전(전일)

(2) 조건검색식 완료 후 매수 종목선정

전체검색 ▼	검색	다음	초기화		실시간검색		
종목명	현재가	전일대비	등락률	거래량	시가	고가	저가
대웅	12,520	▲ 200	+1.62%	97,828	12,310	12,560	12,120

클릭

CHAPTER 21

최저점 타이밍을 정확하게 잡아주는 'TSF&이동평균선'

1. TSF 매매 전개도 예시

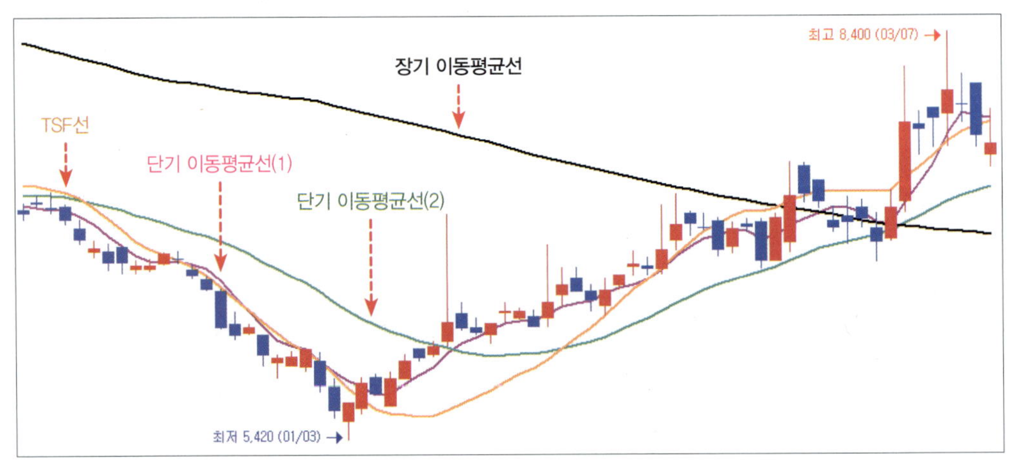

전개도(예시) - NPC 23.02(일봉)

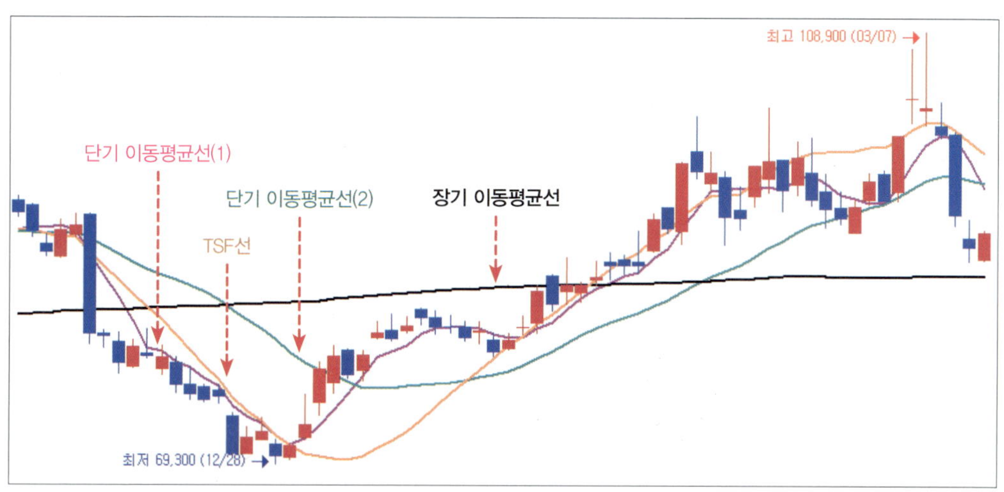

전개도(예시) - 대주전자재료 23.03(일봉)

2. TSF 지표 개념 및 매매의 구성요소

(1) TSF(Time Series Forecast) 지표의 개념

TSF 지표는 주가의 추세를 예측할 수 있는 추세지표입니다. 일정 기간의 주가를 통계학적 방법으로 그려진 곡선으로 추세를 예측하고 기본 바탕은 LRL(Linear Regression Line)에 기초를 두고 있습니다. LRL의 평균값이 직선 형태로 나타나는 반면, TSF는 매일 새롭게 계산된 균형값을 연결하여 곡선으로 나타난다는 차이가 있습니다.

(2) TSF 지표의 구성요소

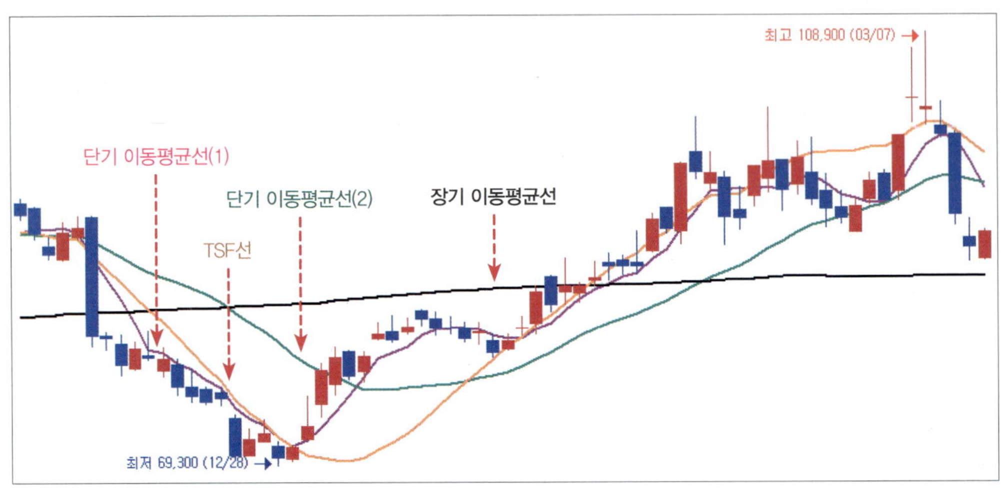

TSF 추세 저점 매매는 총 4가지의 구성요소들을 응용해서 매매를 합니다. 첫 번째로 단기 이동평균선(1)은 상승/하락 추세를 가장 먼저 알려주는 선이고, 두 번째 TSF선은 주가의 완전한 추세 전환을 알 수 있는 선입니다. 그리고 세 번째 단기 이동평균선(2)은 주가가 저점에서 다시 반등하여 추세 전환을 확실하게 할 수 있는지 여부를 측정하는 선이고, 마지막으로 장기 이동평균선은 주가가 추세 전환 이후 지속 상승하다가 장기 이동평균선을 골든크로스 하게 되면 신고가 또는 단기 고점까지 도달하게 되는 경우가 많은데 이러한 목표가를 예측할 수 있는 중요한 선입니다. 다음 장부터 총 4가지의 구성요소들을 상세하게 설명드리겠습니다.

(3) TSF매매법 – HTS(영웅문) '이동평균선' 설정법

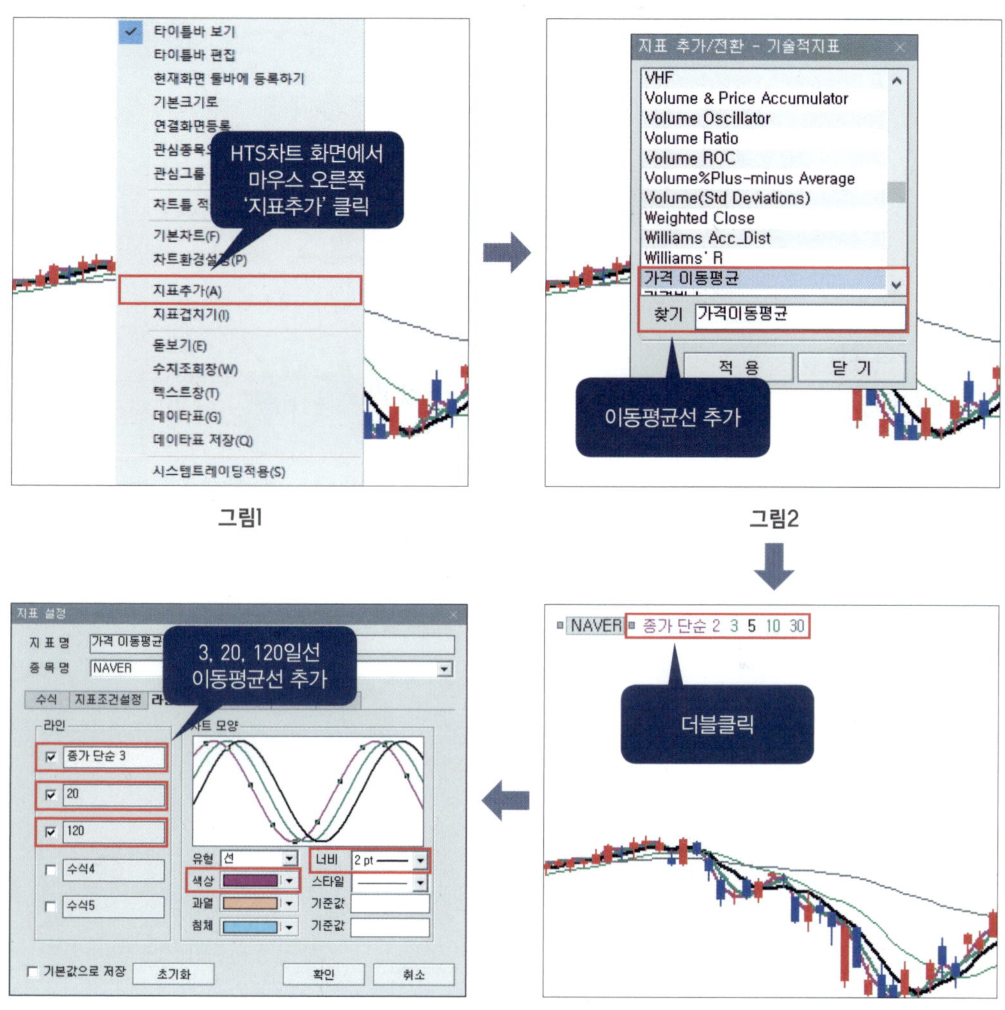

그림1

그림2

그림4

그림3

(4) TSF매매법 – HTS(영웅문) 'TSF 지표' 설정법

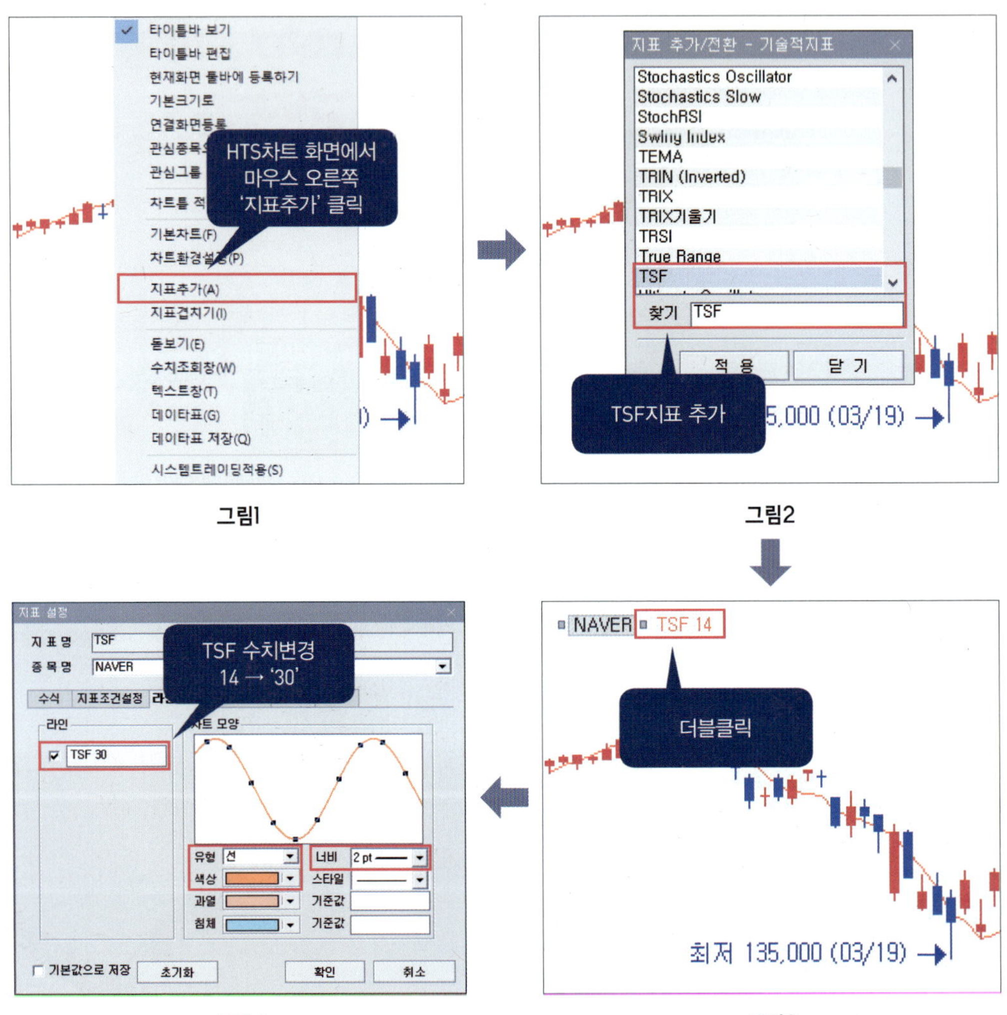

그림1

그림2

그림3

그림4

(5) TSF 지표+이동평균선 설정 완료

NAVER 20.03(일봉)

이동평균선 3일선	주가가 저점에서 반등할 때 반등 시그널을 가장 먼저 보여줍니다.
이동평균선 20일선	20일선은 생명선 및 세력선이라고 불릴 만큼 중요한 선입니다. 3일선과 TSF선이 동시에 20일선(생명선)을 골든크로스 하면 주가는 더욱 높게 상승합니다.
이동평균선 120일선	6개월 장기 이동평균선이며 TSF 기법에서 매매의 기준이 되는 선입니다.
TSF 30일선	이동평균선과 다르게 주가의 추세를 보다 정확하게 예측할 수 있습니다. TSF 30일선으로 설정한 이유는 주가의 움직임에 예민하게 반응하지 않고 보다 안정감 있는 추세 흐름을 유지하면서 매수 · 매도 타이밍을 정확하게 알 수 있기 때문입니다.

(6) TSF 매매법 – 저점에서 고점까지 4단계 변화

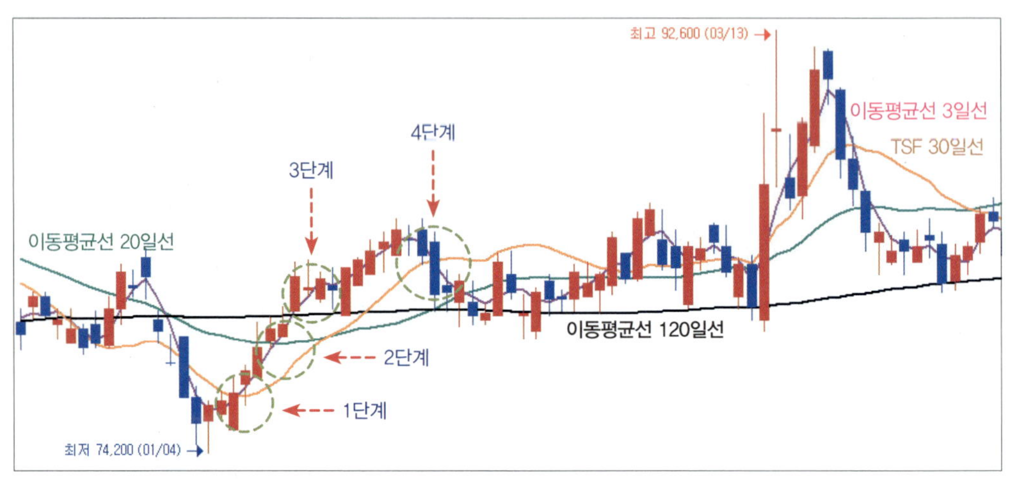

LG 23.03(일봉)

TSF 저점 매매는 승률이 상당히 높고 정교함이 검증된 기법으로 일봉과 분봉으로 매매할 수 있습니다. 주가는 TSF 저점에서 상승추세로 전환할 때 '4단계 변화'가 나타나는데, 마지막 단계까지 진행되면 최고점까지 도달하는 경우가 많습니다. 위 차트를 TSF 저점 매매법으로 분석해보겠습니다.

4단계 변화

1단계 : 최저점에서 연속적으로 양봉 캔들이 발생하면서 3일 이동평균선이 TSF선을 골든크로스하고 주가는 상승세로 추세를 전환합니다(매수시점).

2단계 : 3일 이동평균선과 TSF선이 상승하면서 반드시 20일 이동평균선을 골든크로스 합니다.

3단계 : 3일 이동평균선과 TSF선이 상승하면서 반드시 120일 이동평균선을 골든크로스 합니다.

4단계 : 120일 돌파하고 상승하는 3일 이동평균선이 고점(매도 시점)에서 TSF선을 데드크로스 합니다.

(7) TSF 지표+이동평균선 '표준 저점 매매법'

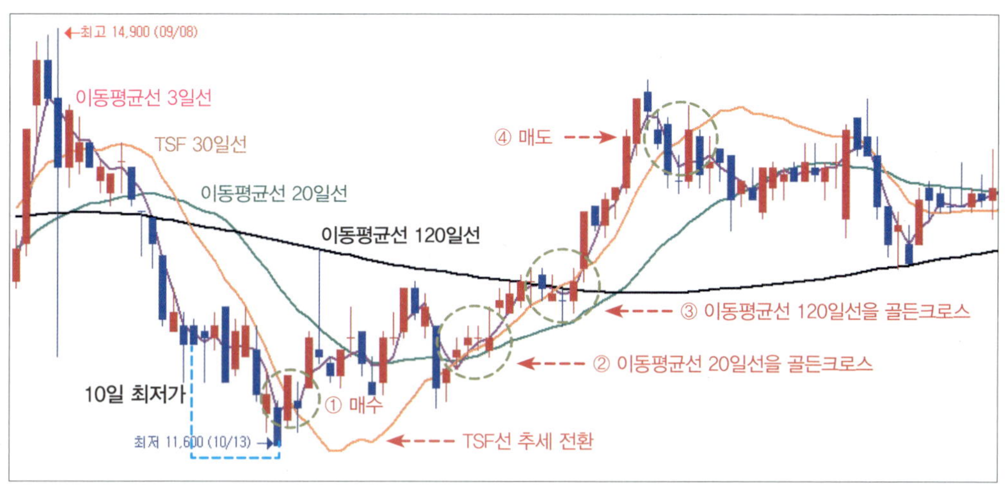

한국앤컴퍼니 22.10(일봉)

여러 가지 유형의 TSF 매매법을 보여주기 전에 표준적인 매매법을 먼저 설명하겠습니다. 주가는 10일 최저가에 도달한 후 다음날 양봉 캔들이 나타나면서 3일선이 반등하였습니다. ①번 시점에서 3일 이동평균선이 TSF 30일선을 골든크로스 하면서 주가는 상승추세로 전환하였고 추세를 나타내는 TSF선 또한 상승하기 시작하는데, 바로 이 시점이 매수포인트입니다. 매수 후 ②번 구간에서 3일선과 TSF선이 20일선을 골든크로스 하는데, 이렇게 2개의 선이 생명선 또는 세력선이라고 부르는 20일선을 골든크로스 한다는 것은 주가가 추가 상승할 확률이 상당히 높다는 것을 의미합니다.

주가는 추가 상승 후 ③번 구간에 도달하면서 3일선, TSF선, 20일선이라는 3개의 선들이 동시에 TSF+이동평균선 매매의 기준선이 되는 120일선을 골든크로스 합니다. 이 시점은 TSF 매매에서 가장 중요한 포인트로 볼 수 있습니다. 추세선인 TSF선이 장기 이동평균선 120일선을 돌파하고 힘차게 상승하면 ④번 구간처럼 신고가까지 도달하는 경우가 많은데, 바로 이 시점에서 매도하면 됩니다.

(8) TSF 지표+이동평균선 '매수 및 매도포인트 잡기'

① 매수포인트

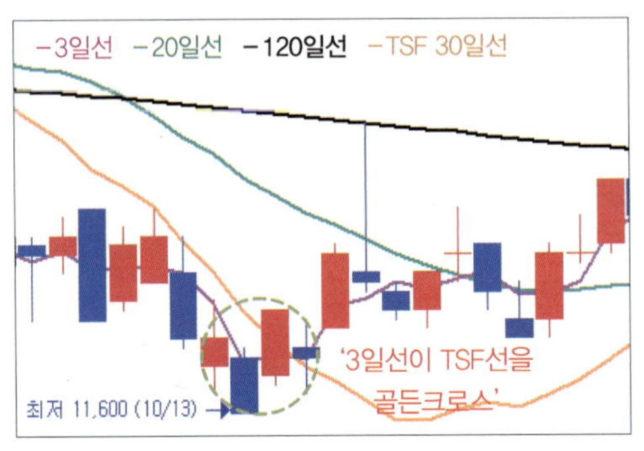

매수포인트

3일선은 저점에서 반응하는 속도가 1일선보다 안정감이 있고 5일선보다 빠르다는 특성이 있습니다. 차트를 보면 주가가 저점일 때 음봉 캔들이 발생하지만 하락세를 멈추고 다시 반등을 할 때에는 양봉 캔들이 반드시 발생합니다. 하지만 양봉 캔들이 발생하였더라도 모두 반등하는 것은 아니며 다시 하락하는 경우도 있기 때문에 반드시 3일선이 TSF선을 '골든크로스' 하기 시작할 때 매수하는 것을 추천하는데, 왜냐하면 골든크로스가 발생하면 앞으로 상승추세로 전환될 확률이 상당히 높다는 것을 의미하기 때문입니다. 만약 3일선이 TSF선 근처까지 갔다가 다시 하락한다면 매수하지 않고 다음 기회를 기다리는 것이 좋습니다.

② 매도포인트

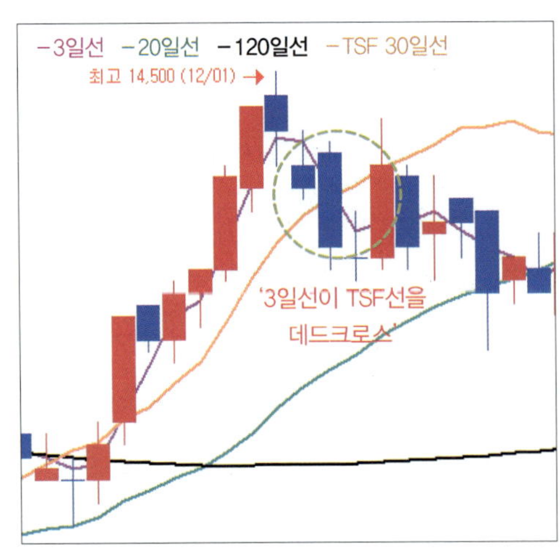

매도포인트

주가는 저점에서 지속적으로 상승하면서 최고점까지 도달하게 됩니다. 이때부터 상승추세가 점점 약해지면서 3일선이 TSF선을 '데드크로스' 하게 되는데 바로 그 시점이 매도포인트입니다. 3일선이 꺾이면서 그 다음에는 TSF선이 하락추세로 전환하게 되는데 보통 3일선이 20일선까지 하락해서 지지받거나 데드크로스 하게 됩니다. 만약 3일선이 20일선과 TSF선과 120일선까지 데드크로스 한다면 주가가 다시 저점 구간에 진입하게 되고, 단기 또는 장기 최저점에 도달하는 때를 매수 시점으로 보면 됩니다.

(9) TSF 지표+이동평균선 '120일선 저항 – 저점 매매법'

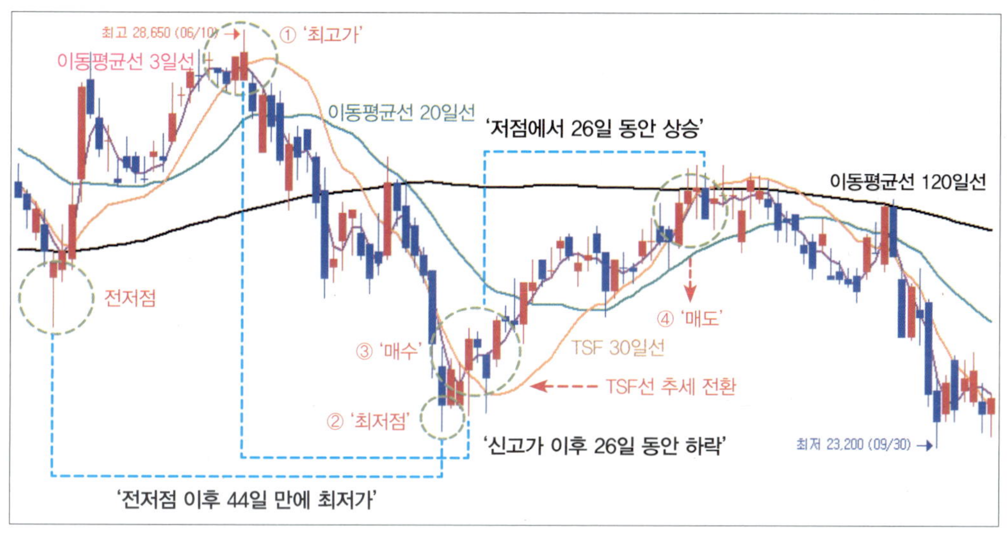

강원랜드 22.09(일봉)

앞장에서 표준 매매법을 보셨다면, 이번에는 주가가 저점에서 상승하다 기준선인 120일선의 저항으로 더 이상 상승하지 못하고 다시 하락하는 경우에 대응하는 TSF 매매법을 설명하겠습니다. 주가는 ①번 구간에서 최고점에 도달한 후 26일 동안 지속적으로 하락하였고, 전 저점에서 44일 만에 ②번 구간에서 최저점에 진입하였습니다. 주가가 무조건 최저점이라고 해서 매수하는 것이 아니라, ③번 구간처럼 반드시 저점에서 3일선이 TSF선을 골든크로스 하는 시점에서 매수해야 합니다. 왜냐하면 3일선이 TSF선을 골든크로스 하면 주가가 하락세를 멈추고 추세 전환하겠다는 의미이면서 TSF선 역시 수일 내에 추세 전환을 시작하기 때문입니다. ③번 구간에서 매수하였다면 주가는 지속적으로 상승하면서 3일선과 TSF선이 20일선을 동시에 골든크로스 하면서 6일 동안 4개의 양봉이 나타났는데, 이것은 앞으로도 상승추세를 유지한다는 의미로 해석할 수 있습니다. 주가는 20일선을 돌파한 후 지속적으로 상승하면서 120일선 근처인 ④번 구간까지 도달하였고 강한 매도세의 저항을 받으면서 다시 하락하기 시작하는데 바로 이 시점이 중요한 매도포인트입니다. 즉, 주가가 고점에서 강한 메도세에 밀리면 반드시 3일선이 TSF선을 데드그로스하게 되는데 바로 그 시점에서 매도하면 되고 그렇게 추세가 한번 꺾이면 지속적으로 하락하게 됩니다.

(10) TSF 지표+이동평균선 '120일선 밑에서 횡보 시 매매법'

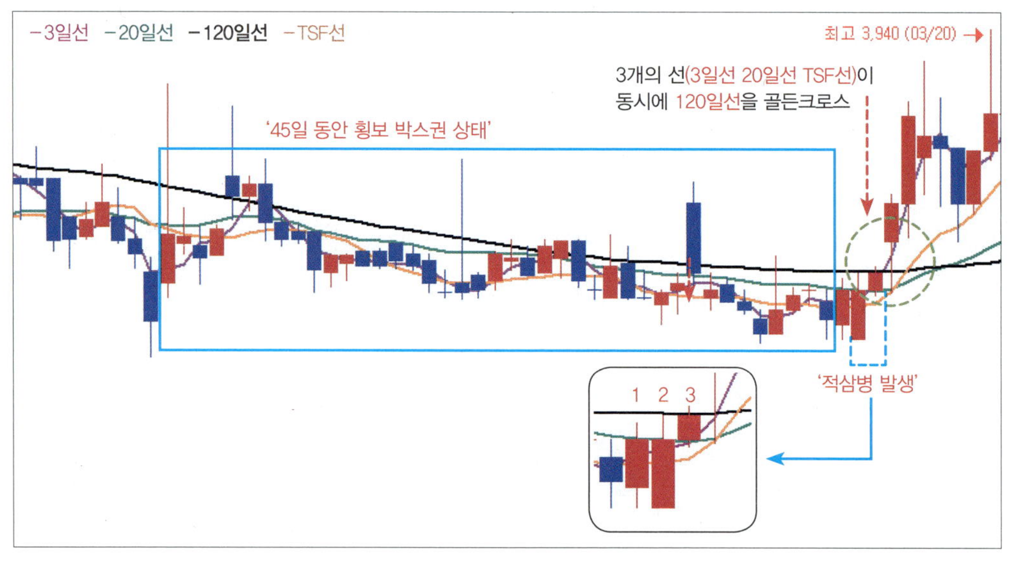

크리스탈지노믹스 23.03(일봉)

TSF매매법에서 기준선이 되는 120일선을 중심으로 주가는 상승과 하락을 반복하게 되는데 이러한 경우 외에도 주가가 120일선 바로 아래에서 장기간 횡보하는 유형도 있습니다. 위 차트를 자세히 보면 주가가 120일선 밑에서 장기간 횡보하면서 박스권을 크게 벗어나지 않았고 45일 동안 한두 번 정도는 장중 고점에서 120일선을 잠깐 돌파하였다가 결국 종가는 밑에서 마감하게 됩니다. 120일선 아래에서 횡보를 한다는 건 언젠가는 반드시 골든크로스가 발생한다는 의미인데, 46일째 되는 날 양봉 캔들 적삼병(**양봉이 3개가 연속적으로 나타나는 현상**)이 발생하면서 3일선, TSF선, 20일선이 동시에 120일선을 골든크로스합니다. 횡보나 저점구간에서 적삼병이 발생하면 추세 전환이 될 확률이 상당히 높습니다.

매수포인트는 3개의 선이 120일선을 골든크로스 하는 시점입니다. 좀 더 자세히 설명하자면 주가가 상승할 때 단기 이동평균선부터 먼저 움직이기 시작하는데 3일선이 120일선을 가장 먼저 돌파하고 그 다음으로 TSF 추세선이 120일선을 돌파하였고, 마지막으로 생명선 또는 세력선이라고 불리는 20일선까지 120일선을 힘차게 돌파하였기 때문에 이 시점을 좋은 매수포인트로 볼 수 있습니다.

(11) TSF 지표+이동평균선 'RSI 지표 매매법'

강원랜드 22.01(일봉)

TSF선은 주가의 매수세와 매도세를 나타내는 RSI 지표와 궁합이 아주 잘 맞습니다. 주가는 매도세가 강하면 강할수록 저점 구간에 진입할 확률이 매우 높은데, 그 시점을 매수 포인트로 보면 됩니다. 주가는 ①번 구간에서 엄청난 매도세가 발생하면서 최저점에 도달하였고 RSI 지표 또한 ②번 구간에서 강한 매도세에서만 나타나는 30 이하 과매도권에 진입하였습니다. 주가는 강한 매도세 이후에 다시 상승하려는 습성이 있기 때문에 반드시 반등합니다(TSF 저점 매매는 RSI 수치가 30 이하가 아닌 경우도 많으나 더 정확하게 저점 매수를 하기 위해서는 RSI 30 이하에서 매수하는 것이 좋습니다).

최저점에서 4일 동안 양봉 캔들이 발생하면서 3일선이 TSF선을 골든크로스 하였고 바로 이 시점에서 매수합니다. 이후 ③번 구간에서 3일선과 TSF선이 동시에 20일선을 돌파하고 상승하는데 보통 저항선으로 인하여 추세가 꺾이지 않는다면 주가는 지속적으로 상승하게 됩니다. 추세는 3일선과 TSF선에 이어서 20일선까지 상승 전환해서 3개의 선들이 ④번 구간에 도달하는데 기준선인 120일선을 골든크로스 합니다. TSF 매매에서 주가는 120일선을 돌파하고 상승하면 30% 미만에서 고점에 도달한 후 다시 하락하는 경우가 많습니다. 그래서 ⑤번 구간처럼 3일선이 TSF선을 데드크로스 하는 시점에서 매도하는 것이 보다 안전하게 수익을 낼 수 있는 방법이면서 갑작스런 변수로 인한 폭락에 대한 손실을 최대한 예방할 수 있는 방법이기도 합니다.

(12) TSF 지표+이동평균선 '가짜 반등에 대응하는 매매법'

한국앤컴퍼니 22.09(일봉)

TSF 매매법으로 가짜 반등에 대응하는 방법이 있습니다. 위 차트가 다소 복잡하게 보일 수 있지만 생각보다 단순합니다. 분석에 앞서 보조지표 2개를 미리 설정하는데 바로 주가의 매도세를 나타내는 RSI 지표와 주가의 추세를 예측할 수 있는 MACD Oscillator

입니다. 설정이 끝났다면 차근차근 분석해보겠습니다. 주가는 하락하다가 ①번 구간에서 양봉 캔들 4개를 발생시키는 동시에 3일선이 TSF선을 골든크로스까지 합니다. 얼핏 보면 앞으로 상승 전환을 하겠다는 시그널을 주는 듯합니다. 하지만 마지막 양봉 캔들 다음날부터 음봉 캔들이 발생하더니 3일선이 꺾이기 시작하였고, 13일 동안 11개의 음봉 캔들이 연속적으로 발생하면서 주가는 최저점에 도달하였습니다. 이 부분에서 중요한 핵심은 3일선이 20일선까지 도달하지 못하고 다시 하락하였다는 것입니다. 즉, TSF 매매의 핵심은 3일선이 TSF선, 20일선, 120일선을 모두 골든크로스 하는 것인데 ①번에서는 3일선이 20일선까지 도달하기 전에 꺾이면서 하향추세로 전환되었다는 것입니다. 그래서 이러한 가짜 반등을 피하기 위해서는 A시점처럼 양봉 캔들이 연속적으로 발생하면서 주가가 소폭 상승하더라도 MACD선이 골든크로스 하지 않는 구간에서는 반등하더라도 20일선까지 상승하기 어려우므로 3일선이 꺾이는 시점에서 바로 매도하는 게 가장 좋습니다. 이 시점에서는 RSI 수치보다는 MACD 수치나 추세가 더 중요하다고 볼 수 있습니다.

TSF 매매를 가장 안전하면서 수익을 극대화할 수 있는 매수 방법은 바로 B, C시점을 이용하는 것입니다. 자세히 설명하자면 B시점처럼 RSI 수치가 30 이하에 진입한 후에 C시점처럼 MACD선이 시그널선을 골든크로스 하는 시점에서 매수하는 것이 좋습니다. 물론 주가가 B, C시점에서만 반등하지 않고 그렇지 않은 저점 구간에서 반등하는 경우도 많습니다. 핵심은 3일선이 TSF선을 골든크로스 하면서 반등할 때 반드시 ②번 구간처럼 20일선까지 도달하면서 골든크로스 해야 완벽한 반등이라고 볼 수 있습니다. 반등 이후 주가는 지속적으로 상승하면서 ③번 구간에서 120일선을 하루 만에 뚫고 올라갔지만 다음날부터 하향하기 시작하는데 바로 이 시점에서 매도를 하면 됩니다. 즉, 3일선이 꺾이면서 TSF선을 데드크로스하는 시점입니다. 고점에서 3일선이 한 번 꺾어지면 지속적으로 하락할 확률이 높습니다. 그래서 반드시 미련을 버리고 매도하시길 바랍니다(밑에 차트 참고).

한국앤컴퍼니 19.01(일봉)

(13) TSF 지표+이동평균선 매매법 조건검색식 ①

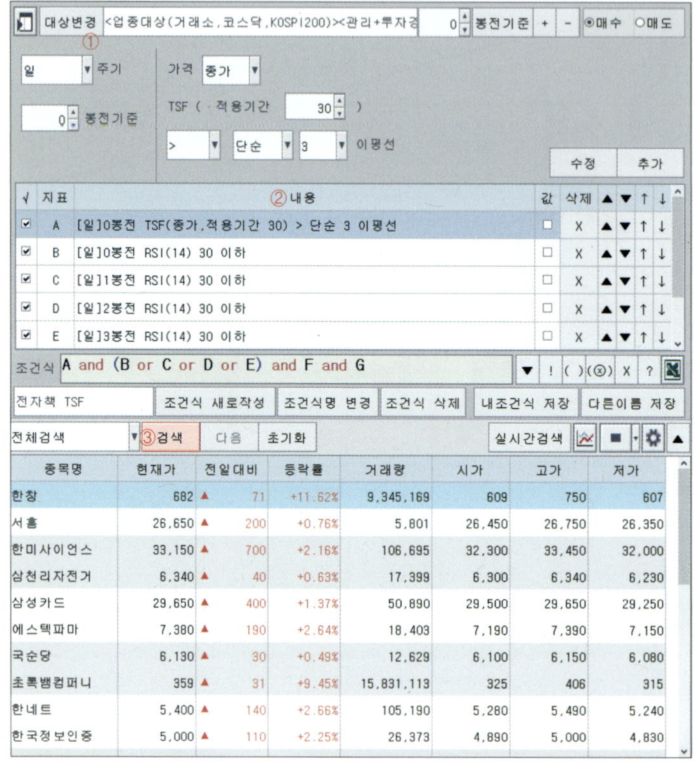

종목명	현재가	전일대비	등락률	거래량	시가	고가	저가
한창	682	▲ 71	+11.62%	9,345,169	609	750	607
서흥	26,650	▲ 200	+0.76%	5,801	26,450	26,750	26,350
한미사이언스	33,150	▲ 700	+2.16%	106,695	32,300	33,450	32,000
삼천리자전거	6,340	▲ 40	+0.63%	17,399	6,300	6,340	6,230
삼성카드	29,650	▲ 400	+1.37%	50,890	29,500	29,650	29,250
에스텍파마	7,380	▲ 190	+2.64%	18,403	7,190	7,390	7,150
국순당	6,130	▲ 30	+0.49%	12,629	6,100	6,150	6,080
초록뱀컴퍼니	359	▲ 31	+9.45%	15,831,113	325	406	315
한네트	5,400	▲ 140	+2.66%	105,190	5,280	5,490	5,240
한국정보인증	5,000	▲ 110	+2.25%	26,373	4,890	5,000	4,830

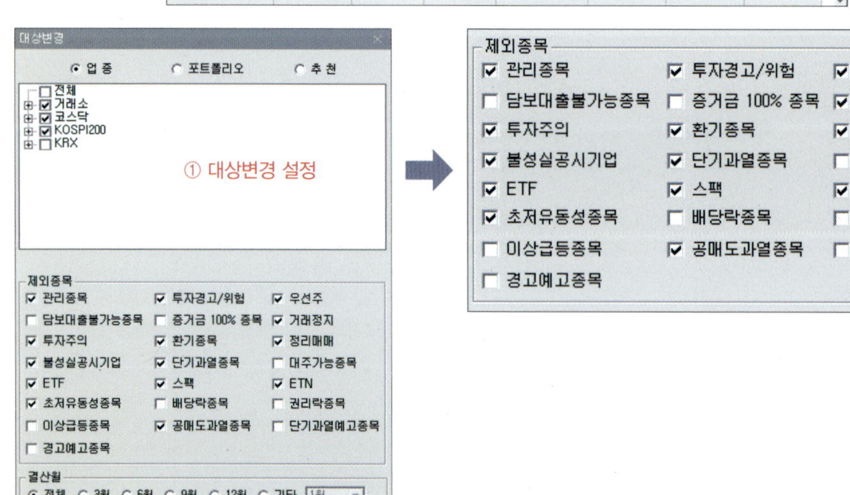

(14) TSF 지표+이동평균선 매매법 조건검색식 ②

√	지표	② 조건검색식 입력 내용
☑	A	[일]0봉전 TSF(종가,적용기간 30) > 단순 3 이평선
☑	B	[일]0봉전 RSI(14) 30 이하
☑	C	[일]1봉전 RSI(14) 30 이하
☑	D	[일]2봉전 RSI(14) 30 이하
☑	E	[일]3봉전 RSI(14) 30 이하
☑	F	[일]0봉전 RSI(14, 9) Signal선 상향돌파
☑	G	[일]0봉전 RSI(14) 30 상향돌파
조건식		A and (B or C or D or E) and F and G

'0~3일 중 RSI 30 이하인 경우 검색'

상세 설명

A : 종가 기준 TSF선이 3일선보다 위에 있다(저점에서 3일선이 TSF선을 골든크로스 하기 전)

B~E : 종가 기준 RSI 30 이하(당일 종가 기준으로 RSI 30 이하 검색)

F : RSI(14,9) 시그널선 상향 돌파(RSI 14일선이 시그널 9일선을 골든크로스 할 때 검색)

G : RSI 30 상향 돌파(F 조건을 보다 정교하게 해줌)

전체검색 | 검색 | 다음 | 초기화 | ③ 저점 종목 검색 | 실시간검색

종목명	현재가	전일대비	등락률	거래량	시가	고가	저가
한창	682	▲ 71	+11.62%	9,345,169	609	750	607
서흥	26,650	▲ 200	+0.76%	5,801	26,450	26,750	26,350
한미사이언스	33,150	▲ 700	+2.16%	106,695	32,300	33,450	32,000
삼천리자전거	6,340	▲ 40	+0.63%	17,399	6,300	6,340	6,230
삼성카드	29,650	▲ 400	+1.37%	50,890	29,500	29,650	29,250
에스텍파마	7,380	▲ 190	+2.64%	18,403	7,190	7,390	7,150
국순당	6,130	▲ 30	+0.49%	12,629	6,100	6,150	6,080

검색 결과

(15) TSF 지표+이동평균선 매매법 조건검색식 ③

삼성카드 23.04(일봉)

CHAPTER 22

RSI 2개로 저점 잡는 'Second RSI & DMI(-DI)'

1. 'Second RSI 매매의 개념'

Second RSI 매매법은 RSI 지표 1개를 활용하는 매매법과는 달리 2개 RSI 지표와 -DI 지표를 복합적으로 활용하여 보다 더 정교한 저점 포인트를 찾을 수 있다는 장점이 있습니다.

조금 더 자세하게 설명드리면 RSI 지표의 산출 기간을 단기와 중기로 설정하므로 해서 매도세의 강도를 정교하게 측정할 수 있고, 그 측정된 매도세의 수치를 -DI로 한 번 더 확인해서 정확한 저점 포인트를 도출해 낼 수 있습니다. 이 매매법은 정확도가 높아서 완전 바닥에서만 발생하는 최저점 음봉 캔들 하나를 정확하게 잡는 경우가 종종 있습니다.

매매 전개도(예시) - 예스코홀딩스 22.11(일봉)

(1) 'Second RSI 매매' HTS 설정법 ①

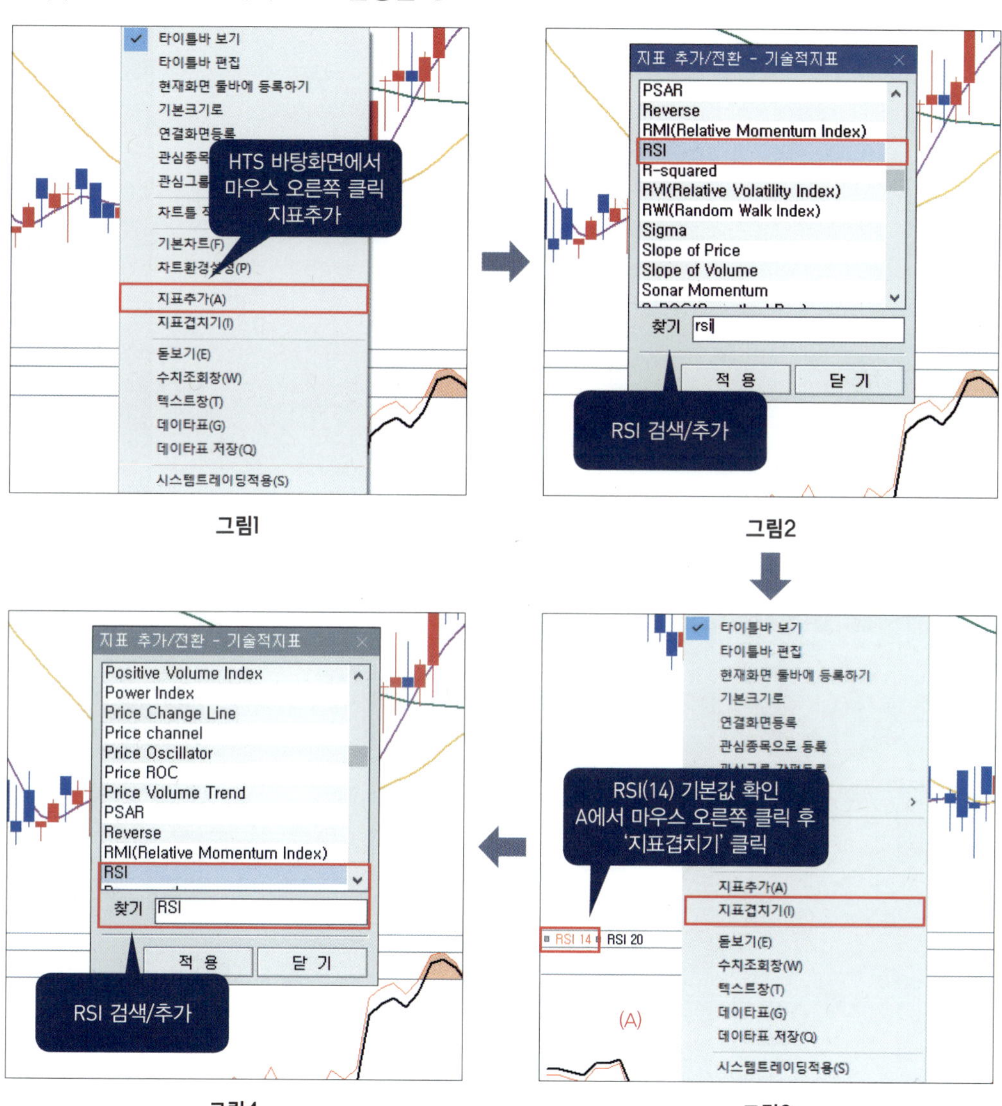

그림1 · 그림2 · 그림3 · 그림4

(2) 'Second RSI 매매' HTS 설정법 ②

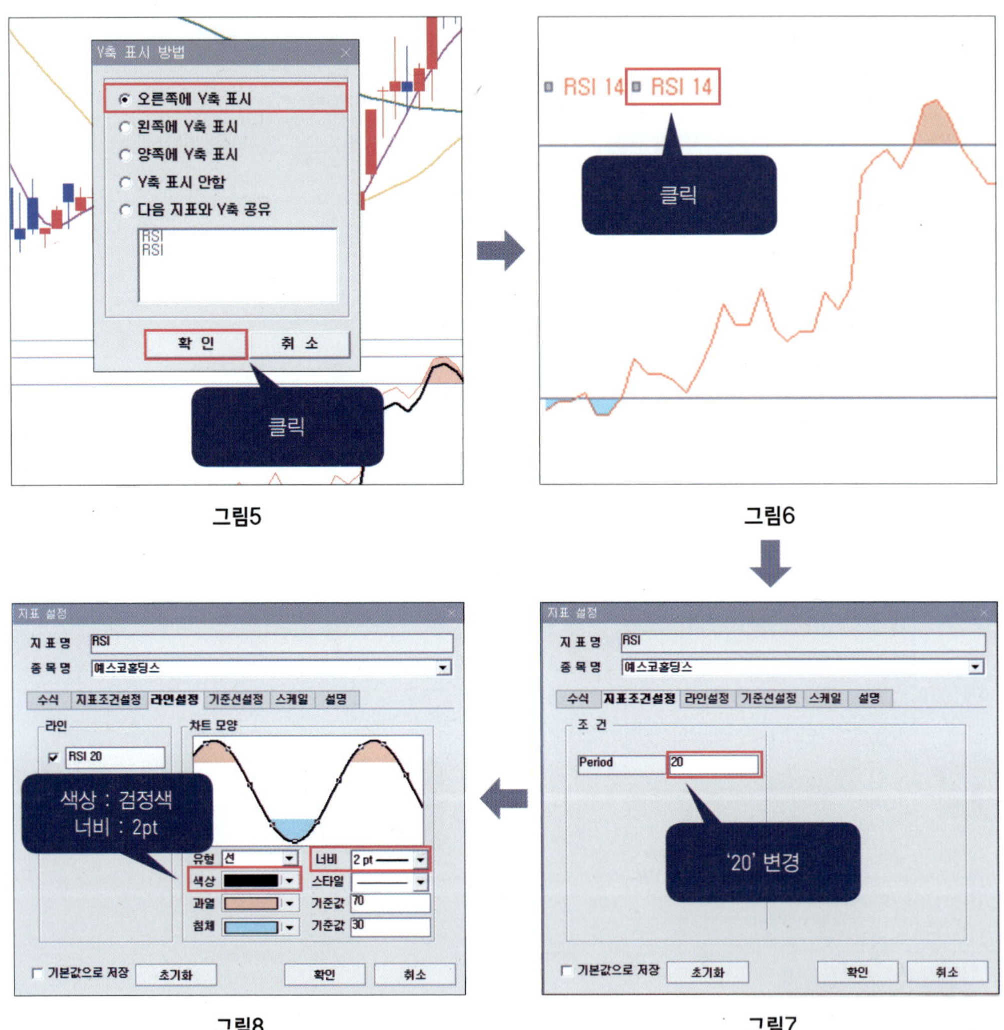

그림5

그림6

그림7

그림8

2. 'Second RSI 매매' RSI 설정 완료 예시

RSI 설정 완료(예시)

3. 'Second RSI 매매' RSI(14, 20) 설정 개념

RSI 설정 완료(예시)

저점 매매를 하기 위해서는 RSI 지표가 상당히 중요합니다. 이 지표는 매수/매도세의 강도를 수치로 나타내는데 그 정확도가 높다고 볼 수 있고, 특히 주가의 저점을 판단하는

데 정확도가 높습니다. 차트를 보면 RSI 2개가 있는데 RSI 14는 매도세를 계산하는 기간이 14일로 설정된 표준 수치이고, RSI 20은 기간이 표준보다 좀 더 길게 설정된 것입니다. 위의 예시를 보면 RSI 14일은 수치가 30 이하에 진입하여 주가가 저점 상태에 있지만 RSI 20일에는 저점이 나타지 않고 있습니다. 이게 무슨 의미일까요?

좀 더 자세히 설명하자면 14일은 20일보다 기간이 짧고 주가 등락에 예민하기 때문에 RSI 수치 30 이하에 20일선보다 먼저 진입하기 쉽지만, 20일은 14일보다 기간이 길기 때문에 강한 매도세가 아니면 웬만해서 수치가 30 이하에 진입하기 어렵습니다. 그래서 RSI 14, RSI 20의 수치가 모두 30 이하로 진입하면 바로 그 시점이 매수포인트로 볼 수 있으며 보다 완전한 저점이라고 보시면 됩니다.

4. 'Second RSI 매매' 2가지 유형 실전 매매법

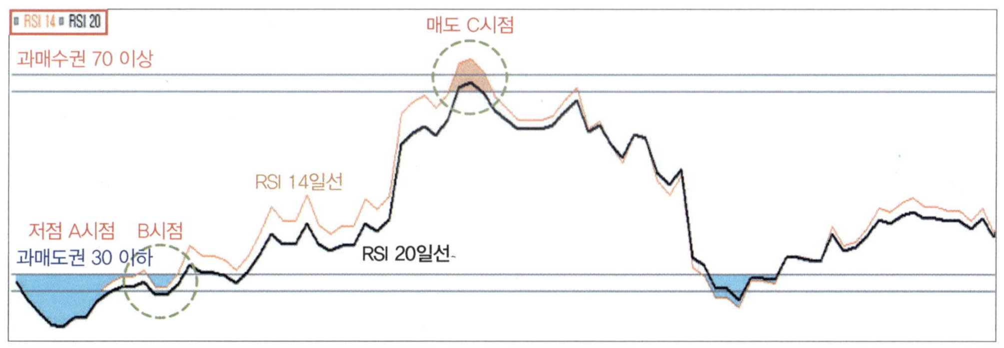

(유형1) RSI 저점&최고점

Second RSI 매매법에는 매수/매도 규칙이 있습니다. 매수 규칙에 대해 먼저 설명하자면 매수는 B시점이 아닌 A시점에서 해야 합니다. 이유는 B시점은 14일선이 30 이하의 저점에 도달하였지만 20일선은 30 이하에 진입하지 못하였기 때문입니다. 반드시 14일과 20일선이 동시에 30 이하에 진입할 때에 매수해야 합니다. A시점에서 매수한 후 주가가 상승세를 유지하다 고점(RSI 70 이상)인 C시점에 도달하는 시점을 매도포인트로 보면 됩니다.

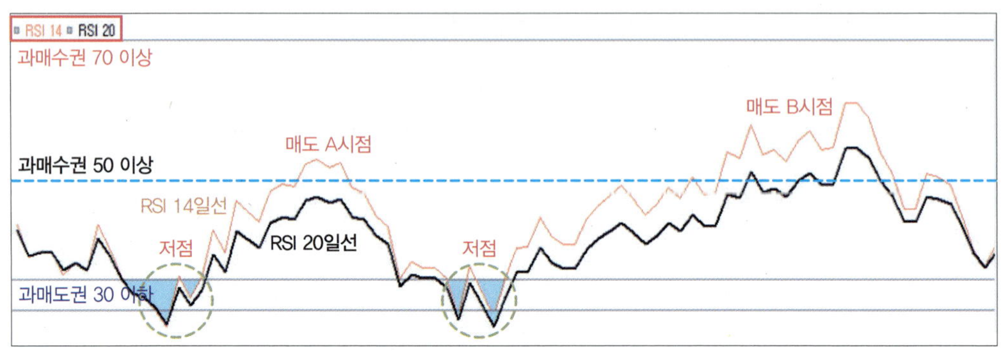

(유형2) RSI 저점&중고점

언제나 주가가 RSI 30 이하 저점에서 RSI 70 이상 고점까지 도달하는 것은 아니므로 유의해야 합니다. 저점 구간에서 매수하였다면 주가가 반등하면서 수익을 얻을 수 있는 구간인 RSI 70 이상까지 도달하지 못하고 중간 구간(**과매도권 50**)에서 다시 하락하기 시작하였다면 이 시점을 매도포인트로 볼 수 있습니다. 보다 안전하게 최대수익을 얻을 수 있도록 A, B구간처럼 RSI 14일선이 꺾일 때 매도하는 것이 좋습니다.

5. 'Second RSI & (−)DI 매매' HTS 설정법

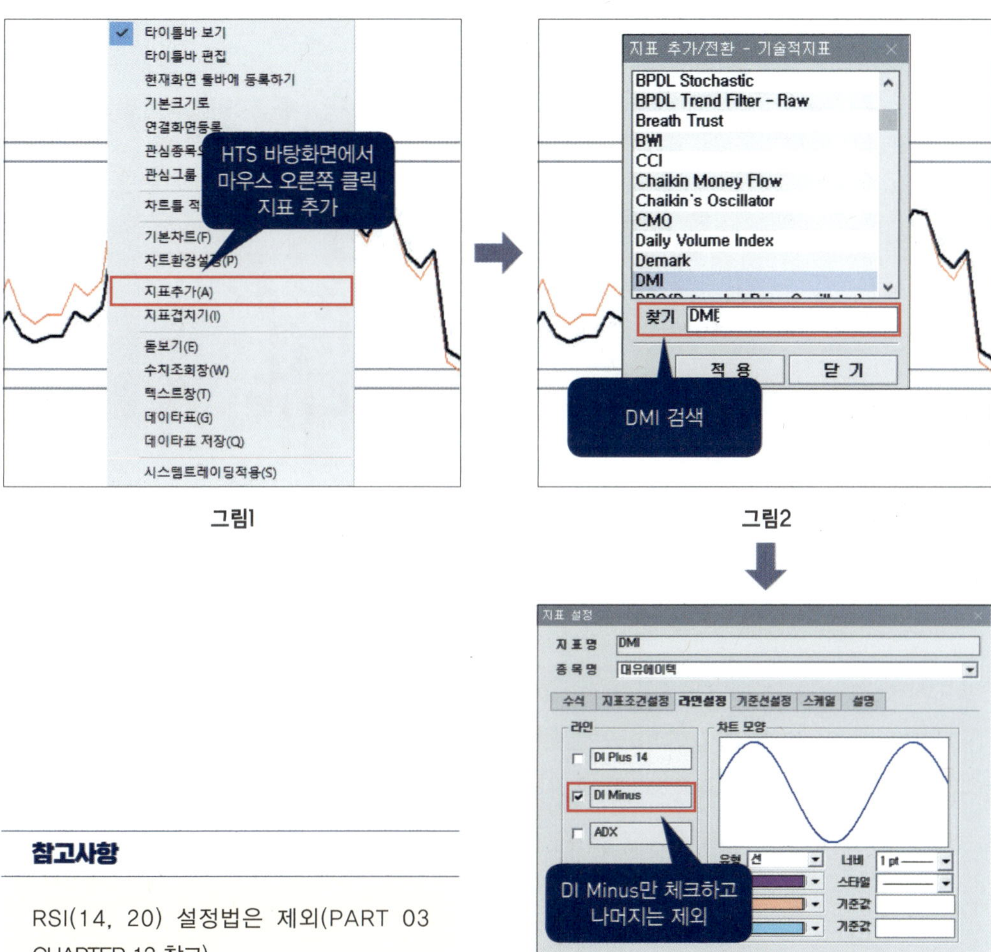

그림1

그림2

그림3

참고사항

RSI(14, 20) 설정법은 제외(PART 03 CHAPTER 12 참고)

6. 'Second RSI & (–)DI 실전 매매법'

유한양행우 22.11(일봉)

Second RSI & (−)MI 매매법은 기존 RSI 14,20일에서 −DI를 추가한 매매법입니다. −DI는 주가의 추세 강도를 나타내며 저점에서는 매도세의 강도를 측정해 볼 수 있는 지표입니다. −DI의 수치는 RSI 지표랑 반대로 보면 되는데, 예를 들어서 위 차트처럼 −DI 수치가 35이상 부터는 과매도 구간(**저점 구간**)으로 보고 반대로 −DI수치가 10이상이면 과매수 구간(**고점 구간**)으로 봅니다. RSI지표에 −DI를 추가하는 이유는 현재 주가가 저점이 맞는지 더 확실하게 체크하기 위해서입니다.

위 차트에서 가장 중요한 핵심은 RSI 30 이하 상태에서 −DI지표도 35 이상 넘었을 때 주가의 매도세가 가장 강한 구간이라고 볼 수 있고 '주가의 최저점'이라고 확정할 수 있습니다. Second RSI & (−)MI 매매법은 간단하면서 강력한 매매법이기도 합니다. A시점인 저점에서 매수를 한 후 B시점인 중고점에서 매도하거나 C시점인 최고점에서 매도하는 패턴으로 매매하면 됩니다.

(1) 'Second RSI & (−)DI 실전 매매법' 조건검색식 ①

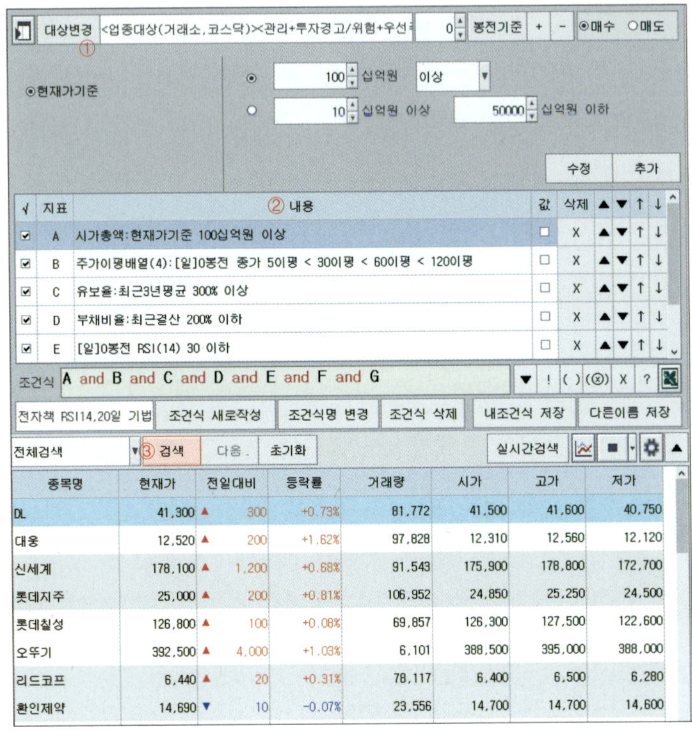

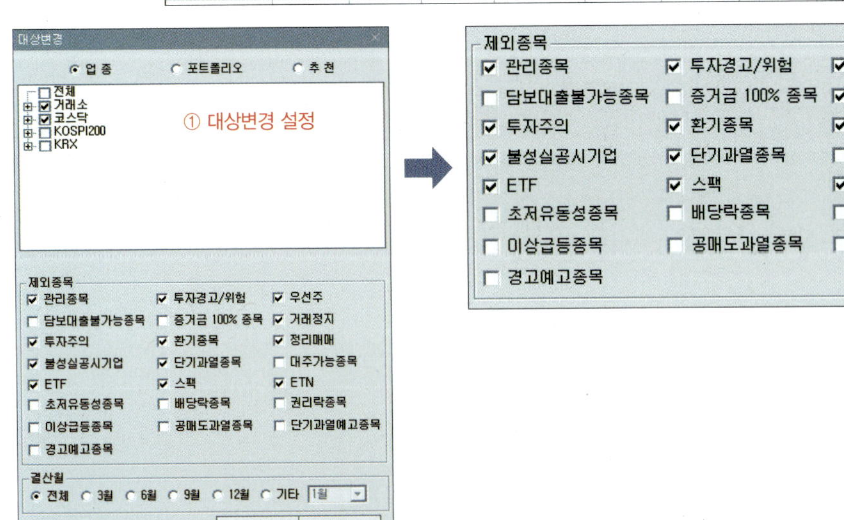

(2) 'Second RSI & (−)DI 실전 매매법' 조건검색식 ②

√	지표	② 조건검색식 입력 내용
☑	A	시가총액:현재가기준 100십억원 이상
☑	B	유보율:최근3년평균 300% 이상
☑	C	부채비율:최근결산 200% 이하
☑	D	주가이평배열(4):[일]0봉전 종가 5이평 < 30이평 < 60이평 < 120이평
☑	E	[일]0봉전 RSI(14) 30 이하
☑	F	[일]0봉전 RSI(20) 30 이하
☑	G	[일]0봉전 DI(14) -DI 35이상 100이하
조건식		A and B and C and D and E and F and G

상세 설명

A : 시가총액 100 십억 원 이상(시가총액이 너무 적은 기업은 리스크가 크므로 제외)

B : 유보율 3년 평균 300% 이상(유보율이 높다는 것은 잉여금이 많고 자금 동원력이 좋다는 것을 의미)

C : 부채비율 최근 결산 200% 이하(부채비율이 200% 이상부터는 자금에 대한 리스크가 있음)

D : 이동평균선 역배열(5일선, 20일선, 30일선, 60일선, **120일선**)

E : 14일 중 RSI 30 이하(매도세가 상당히 강한 시점)

F : 20일 중 RSI 30 이하(매도세가 상당히 강한 시점)

G : −DI 수치 35 이상 100 이하 시점

전체검색 | 검색 | 다음 | 초기화 | ③ 저점 종목 검색 | 실시간검색

종목명	현재가		전일대비	등락률	거래량	시가	고가	저가
DL	41,300	▲	300	+0.73%	81,772	41,500	41,600	40,750
대웅	12,520	▲	200	+1.62%	97,828	12,310	12,560	12,120
신세계	178,100	▲	1,200	+0.68%	91,543	175,900	178,800	172,700
롯데지주	25,000	▲	200	+0.81%	106,952	24,850	25,250	24,500
롯데칠성	126,800	▲	100	+0.08%	69,857	126,300	127,500	122,600
오뚜기	392,500	▲	4,000	+1.03%	6,101	388,500	395,000	388,000
리드코프	6,440	▲	20	+0.31%	78,117	6,400	6,500	6,280
환인제약	14,690	▼	10	-0.07%	23,556	14,700	14,700	14,600
대성홀딩스	14,780	▲	400	+2.78%	103,893	14,370	14,890	14,230
서울가스	66,600	▲	1,500	+2.30%	36,978	65,100	67,200	64,500

검색 결과

(3) 'Second RSI & (−)DI 실전 매매법' 조건검색식 ③

신세계 23.06(일봉)

CHAPTER 23

저점에서 강력한 '이동평균선 역배열 & 5개 지표 분석'

1. 바닥 잡는 강력한 역배열+5개 지표 매매 예시

이동평균선의 역배열	항상 완벽한 저점은 이동평균선의 역배열 상태에서 발생함 • 조건: 5, 20, 30, 60, 120일선
엔벨로프	하락추세와 강도를 측정하는 지표(하단선 12% 이상 돌파하면 저점 가능성 높음) • 조건: Period(20), Percent(12)
RSI	매도세를 측정하는 지표(수치가 30 이하에서 저점이 많이 발생)
DI Minus	하락추세를 측정하는 지표(다른 지표와 반대로 높아지면 저점 구간) • 조건: 기본수치(35)이고, TSF 매매에서는 43 이상을 저점 구간으로 확정
CCI	하락추세를 측정하는 지표(수치가 −100 이하면 과열상태로 저점 구간 확률이 상당히 높음) • 조건: Period(20)

5개 지표(예시) - 대유플러스 22.06(일봉)

3. 바닥 잡는 강력한 역배열+5개 지표 매매법

5개 지표(예시) - 대유플러스 22.06(일봉)

저점 매매법으로 5개 지표를 설정한 이유는 주가의 저점을 판단할 때 가장 정교하면서 정확성이 높은 지표들이기 때문입니다. RSI, -DI, CCI 3개 지표는 매도세의 강약을 측정할 수 있으며, 특히 저점 구간의 시작과 끝을 어느 정도 예측할 수 있다는 장점이 있습니다. 매수포인트 찾는 방법은 가장 먼저 이동평균선 5일선 위로 순서대로 20, 30, 60, 120일선이 정갈하게 나열된 역배열 상태인지 확인합니다. 이것은 완벽한 '저점'이 발생하는 기본적인 조건이기도 합니다. 주가는 A시점에서 엔벨로프 12% 하단선을 하향 돌파하였지만 RSI는 30 이하 초입에 있고, -DI는 43 이상을 넘지 못하였으며 CCI는 -100 이하이지만 RSI, -DI 2개의 지표가 더 하락할 수 있기 때문에 '저점'이 성립되지 않으므로 패스합니다. B시점을 보면 RSI가 30 이하에 진입한 기간이 어느 정도 진행된 상태이고, -DI 또한 43 이상에 도달하였으며 CCI 역시 -100 이하에 있기 때문에 '저점'이 성립된다고 볼 수 있으므로 이 시점에서 매수합니다.

B시점에서 매수하면 주가가 반등하고 5일선이 엔벨로프 하단선을 골든크로스 하기 시작합니다(**만약 B시점에서 매수 타이밍을 놓쳤다면 5일선이 엔벨로프 하단선을 골든크로스 하는 시점에서 매수해도 됩니다**). 주가는 엔벨로프 하단선을 돌파하고 120일선까지 순서대로 골든크로스하는데 보통 저점에서 반등한 후 짧게는 60일선 길게는 120일선까지 상승하게 됩니다. 저점 매매는 안전하면서 수익을 극대화하는 매매법이기 때문에 60일선에서 1차 매도하고 다시 120일선에서 2차 매도로 마무리합니다. 물론 60일선까지 도달하지 못하고 다시 하락하는 경우도 있기 때문에 이러한 경우에는 30일선, 60일선에 도달할 때 나눠서 매도하는 방법도 있습니다. 따라서 매수 방법은 5개 지표의 수치로 '저점 시점'을 분석하고 결정하지만 매도 방법은 지표의 수치랑 다르게 주가가 얼마나 상승해서 중 · 장기 이동평균선까지 도달하느냐에 따라 결정하는데 그 이유는 지표의 수치는 저점에서는 정확도가 높지만 고점일 때는 그 정확도가 많이 떨어지기 때문입니다.

4. 바닥 잡는 강력한 역배열+5개 지표 실전 매매 전개도

아바텍 22.05(일봉)

(1) 바닥 잡는 강력한 역배열+5개 지표 매매 조건검색식 ①

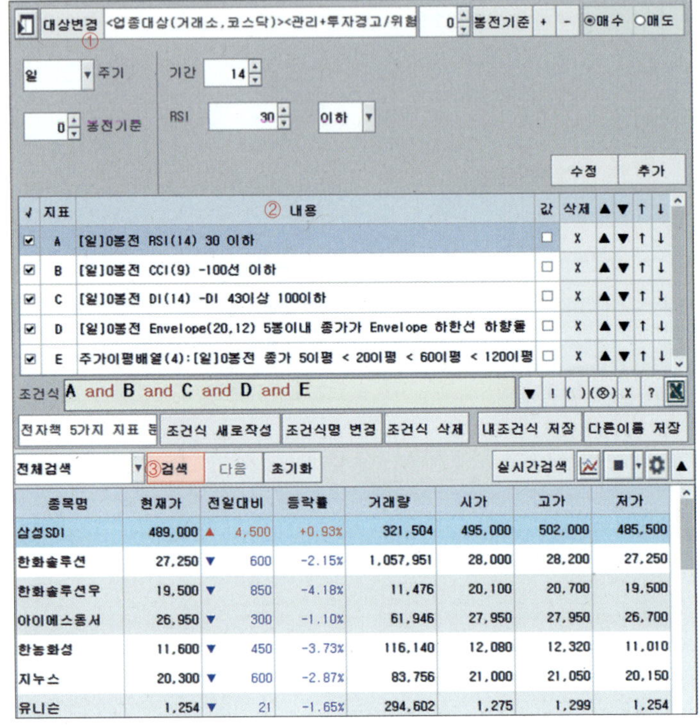

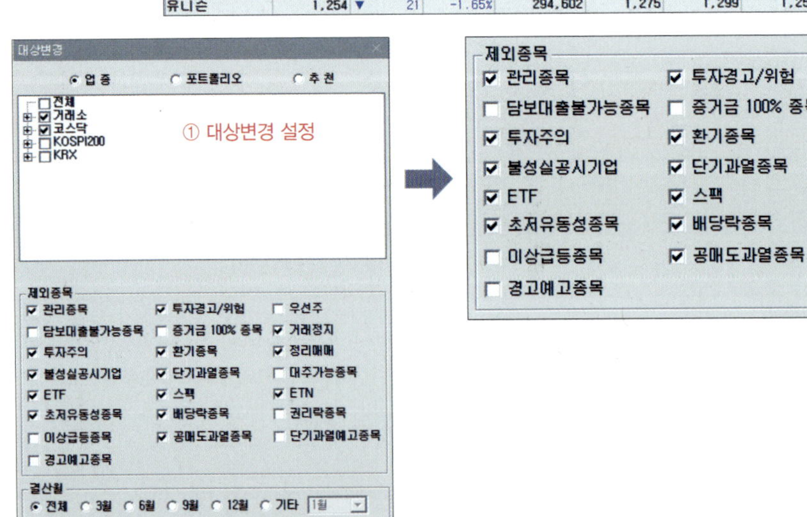

(2) 바닥 잡는 강력한 역배열+5개 지표 매매 조건검색식 ②

√	지표	② 조건검색식 입력 내용
☑	A	[일]0봉전 RSI(14) 30 이하
☑	B	[일]0봉전 CCI(9) -100선 이하
☑	C	[일]0봉전 DI(14) -DI 43이상 100이하
☑	D	[일]0봉전 Envelope(20,12) 5봉이내 종가가 Envelope 하한선 하향돌파
☑	E	주가이평배열(4):[일]0봉전 종가 5이평 < 20이평 < 60이평 < 120이평
조건식		A and B and C and D and E

상세 설명

A : 14일 중 RSI 30 이하(매도세가 상당히 강한 시점)
B : CCI –100선 이하(–100에서 –300까지 범위에서 저점이 많음)
C : –DI 43 이상 100 이하(매도세가 상당히 강할 때 –DI 수치는 43 이상이 많음)
D : Envelope(주가가 이동평균선 20일 기준에서 12% 아래 하단선을 5일 동안 하향 돌파 시 검색)
E : 이동평균선이 역배열 상태 시 검색(5<20<60<120일)

검색 결과

전체검색 | 검색 | 다음 | 초기화 | ③ 저점 종목 검색 | 실시간검색

종목명	현재가	전일대비	등락률	거래량	시가	고가	저가
삼성SDI	489,000	▲ 4,500	+0.93%	321,504	495,000	502,000	485,500
한화솔루션	27,250	▼ 600	-2.15%	1,057,951	28,000	28,200	27,250
한화솔루션우	19,500	▼ 850	-4.18%	11,476	20,100	20,700	19,500
아이에스동서	26,950	▼ 300	-1.10%	61,946	27,950	27,950	26,700
한농화성	11,600	▼ 450	-3.73%	116,140	12,080	12,320	11,010
지누스	20,300	▼ 600	-2.87%	83,756	21,000	21,050	20,150
유니슨	1,254	▼ 21	-1.65%	294,602	1,275	1,299	1,254
키다리스튜디오	4,465	▼ 185	-3.98%	83,890	4,655	4,790	4,430
엠케이전자	11,300	▼ 150	-1.31%	86,521	11,580	11,720	11,300
스카이문스테크	1,145	▼ 58	-4.82%	94,121	1,190	1,199	1,110

(3) 바닥 잡는 강력한 역배열+5개 지표 매매 조건검색식 ③

대웅 23.06(일봉)

좋은 책을 만드는 길, 독자님과 함께 하겠습니다.

최저점 바닥 매매 비법

개정1판1쇄 발행	2026년 04월 15일 (인쇄 2026년 01월 28일)
초 판 발 행	2023년 11월 10일 (인쇄 2023년 10월 20일)
발 행 인	박영일
책 임 편 집	이해욱
저 자	전 원
편 집 진 행	장민영 · 김혜림
표지디자인	현수빈
편집디자인	박지은 · 고현준
발 행 처	시대인
공 급 처	(주)시대고시기획
출 판 등 록	제10-1521호
주 소	서울시 마포구 큰우물로 75 [도화동 538 성지 B/D] 9F
전 화	1600-3600
팩 스	02-701-8823
홈 페 이 지	www.sdedu.co.kr
I S B N	979-11-434-0957-7 (03320)
정 가	22,000원